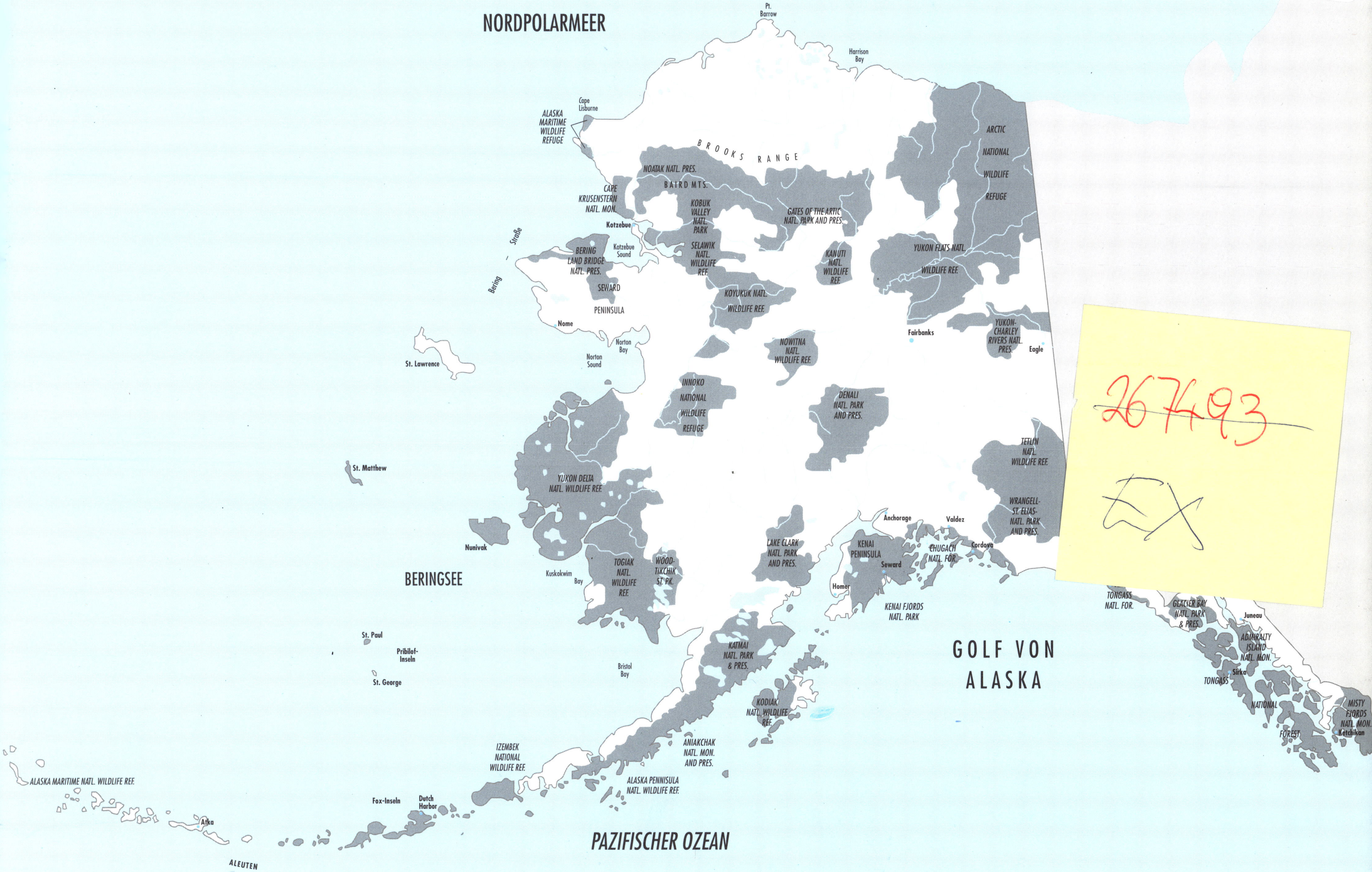
NORDPOLARMEER
Pt. Barrow
Harrison Bay
Cape Lisburne
ALASKA MARITIME WILDLIFE REFUGE
BROOKS RANGE
NOATAK NATL. PRES.
BAIRD MTS.
CAPE KRUSENSTERN NATL. MON.
KOBUK VALLEY NATL. PARK
GATES OF THE ARTIC NATL. PARK AND PRES.
ARCTIC NATIONAL WILDLIFE REFUGE
Kotzebue
Kotzebue Sound
Bering – Straße
BERING LAND BRIDGE NATL. PRES.
SELAWIK NATL. WILDLIFE REF.
KANUTI NATL. WILDLIFE REF.
YUKON FLATS NATL. WILDLIFE REF.
SEWARD PENINSULA
KOYUKUK NATL. WILDLIFE REF.
Nome
Norton Bay
Norton Sound
St. Lawrence
NOWITNA NATL. WILDLIFE REF.
Fairbanks
YUKON-CHARLEY RIVERS NATL. PRES.
Eagle
INNOKO NATIONAL WILDLIFE REFUGE
DENALI NATL. PARK AND PRES.
TETLIN NATL. WILDLIFE REF.
St. Matthew
YUKON DELTA NATL. WILDLIFE REF.
WRANGELL-ST. ELIAS-NATL. PARK AND PRES.
Anchorage
Valdez
Nunivak
LAKE CLARK NATL. PARK AND PRES.
KENAI PENINSULA
CHUGACH NATL. FOR.
Cordova
Seward
BERINGSEE
Kuskokwim Bay
TOGIAK NATL. WILDLIFE REF.
WOOD-TIKCHIK ST. PK.
Homer
KENAI FJORDS NATL. PARK
TONGASS NATL. FOR.
GLACIER BAY NATL. PARK & PRES.
Juneau
St. Paul
Pribilof-Inseln
St. George
KATMAI NATL. PARK & PRES.
GOLF VON ALASKA
ADMIRALTY ISLAND NATL. MON.
Bristol Bay
Sitka
TONGASS
KODIAK NATL. WILDLIFE REF.
NATIONAL
MISTY FJORDS NATL. MON.
FOREST
Ketchikan
ANIAKCHAK NATL. MON. AND PRES.
IZEMBEK NATIONAL WILDLIFE REF.
ALASKA MARITIME NATL. WILDLIFE REF.
ALASKA PENINSULA NATL. WILDLIFE REF.
Fox-Inseln
Dutch Harbor
Atka
PAZIFISCHER OZEAN
ALEUTEN

D1871012

ALASKA

Herausgegeben von

Dana Levy und Letitia Burns O'Connor

Essays von

Charles Wohlforth

Fotografien von

Tom Bean
Roy Corral
Ken Graham
Liz Hymans
Ron Klein
David Muench
Marc Muench
Pat O'Hara
Allen Prier
Loren Taft
Harry Walker

KÖNEMANN

Die Rechte an den Bildern liegen beim jeweiligen Fotografen.
Alle Rechte vorbehalten.

Tom Bean: **1**, **18** links, **22**, **23**, **24**, **25**, **36**, **66** links, **72** unten links, **73** oben links, **73** rechts, **78** rechts, **80** oben links, **89** oben links, **94**, **102** unten Mitte, **111** oben links, **111** rechts, **112** unten rechts, **113**, **129** links
Roy Corral: **58** rechts, **66** rechts, **72** oben links, **79** rechts, **86** links, **88** oben rechts, **98** unten links, **99** unten links, **100** rechts, **101** links, **101** oben rechts, **102** oben, **108** unten, **111** unten, **112** unten links, **117** unten links, **117** rechts, **118** oben links, **119** oben links, **119** rechts, **124** oben rechts, **125** oben links, **128** links, **130** unten links
Ken Graham: **2–4**, **41**, **46–48**, **51**, **56** oben links und rechts, **57**, **71**, **72** rechts, **74** unten links, **75** oben, **77** links, **80** unten, **86–87**, **104–105**, **106**, **107** oben, **116**, **124** links, **125** unten links, **125** rechts, **130** rechts, **132**
Liz Hymans: **10** unten, **98** unten links, **60–61**, **80–81**, **82–84**, **85**, **108** oben, **110**, **112** oben
Ron Klein: **27–29**, **68–70**, **118–119** unten, **120–122**, **126–127**
David Muench: **6**, **18** rechts, **19** links, **20**, **21**, **26**, **30**, **31**, **33**, **34**, **37**, **39**, **40**, **43**, **44**, **45** links, **52**, **53**, **67**, **98** rechts
Marc Muench: **35**, **38** rechts, **45** rechts, **59**
Pat O'Hara: **19** rechts, **58** links, **62**, **63**, **90**, **91**, **92**, **93**, **95**, **99** rechts oben und unten, **101** unten rechts, **109**
Allen Prier: **Umschlag**, **42**, **54–55**, **64**, **65**
Loren Taft: **38** links, **49**, **56** unten rechts und links, **74** unten Mitte, **75** unten links, **78** oben, **78** Mitte links, **78** unten rechts, **79** unten links, **88** unten, **89** unten, **98** oben links, **99** oben links, **102** unten links und rechts, **123**, **124** unten rechts, **128** rechts, **129** rechts, **130** oben links, **131**
Harry Walker: **32**, **50**, **73** unten links, **74** oben links, **74** rechts, **75** oben, **75** unten rechts, **76** links, **76** oben rechts, **77** rechts, **78** unten links, **74** oben links, **88** oben links, **89** rechts, **100** links, **103**, **107** unten, **117** oben links, **118** oben rechts, **119** oben Mitte

Alle historischen Schwarzweißfotografien mit freundlicher Genehmigung des Anchorage Museum of History and Art, außer denen auf Seite 8 und Seite 17 oben, diese mit freundlicher Genehmigung der Elmer E. Rasmuson Library, University of Alaska, Fairbanks

© 1998 Dana Levy und Letitia Burns O'Connor

Die Originalausgabe ist bei Hugh Lauter Levin Associates, Inc. erschienen.
Originaltitel: *Spectacular Alaska*

Jeder Nachdruck, jede Wiedergabe, Vervielfältigung und Verbreitung, auch von Teilen des Werkes oder von Abbildungen, jede Abschrift, auch auf fotomechanischem Wege oder in Magnettonverfahren, in Vortrag, Funk, Fernsehsendungen, Telefonübertragung sowie Speicherung in Datenverarbeitungsanlagen, bedarf der ausdrücklichen Genehmigung des Verlags.

© 1999 für die deutsche Ausgabe:
Könemann Verlagsgesellschaft mbH
Bonner Straße 126, D-50968 Köln

Übersetzung aus dem Amerikanischen:
Dagmar Freytag für Agents – Producers – Editors, Overath
Lektorat, Produktion und Satz: Agents – Producers – Editors, Overath

Herstellungsleitung: Detlev Schaper
Herstellungsassistenz: Ursula Schümer

Druck und Bindung: Sing Cheong Printing Co., Ltd.
Hong Kong, China

ISBN: 3-8290-2210-7
10 9 8 7 6 5 4 3 2 1

Der Autor dankt Robin Mackey Hill für seine Unterstützung bei der Vorbereitung dieses Textes.

UMSCHLAG: Der Mount McKinley, gespiegelt im Wonder Lake
SEITE 1: Panoramaflug über einen Gletscher
SEITEN 2–4: Mehrfachbelichtung der Sonne während des arktischen Sommers, wenn sie achtzig Tage lang nicht untergeht
SEITE 6: Harriman-Gletscher, Chugach National Forest

INHALT

GESCHICHTE

Akteure in einer unendlichen Landschaft

VOM WONDER LAKE aus aus gesehen, erhebt sich das weiße Dreieck des Mt. McKinley wie ein riesiges Naturdenkmal. Allein von seiner Masse her ist dieser höchste Berg des amerikanischen Kontinents vermutlich »das Größte«, was die meisten seiner Betrachter wohl je zu Gesicht bekommen. Er erhebt sich bis über die Wolken und vereinnahmt dabei einen Großteil des Himmels.

Jeden Sommer halten Fotografen am See, um das klassische Bild dieses Bergs einzufangen, jenes Symbols von Alaska, das schon so oft fotografiert wurde. Profifotografen mit Sondergenehmigungen bauen ihre Stative entlang der steinigen Straße durch den Nationalpark auf. Touristen klettern mit einer Ehrfurcht aus ihren Bussen, wie sie gewöhnlich nur in Kirchen empfunden wird. Man hört das Klicken einer Menge Kameras und das Surren des automatischen Filmtransports. Nach ein paar Minuten sind alle wieder eingestiegen, und der Bus schiebt sich weiter die Straße entlang. Da ändert sich das Licht, und auch die Fotografen packen ihre Sachen für den nächsten Standort zusammen. Ein weiterer Bus hält, eine neue Reisegruppe steigt aus. Flüchtig wie die Wolken, die der Sommerwind über das gewaltige Bergmassiv treibt, kommen und gehen die Menschen in dieser grandiosen Landschaft, versuchen sie wie eine Momentaufnahme einzufangen und sind verschwunden.

Wäre es möglich, zehntausend Tage lang dort stehen zu bleiben und jeden Tag dasselbe Foto zu machen – identisch wäre darauf nur der weiße Berg. Die Tundra wechselt ihre Farben mit der Jahres-, der Himmel die seinen mit der Tageszeit. Wandernde Karibus wogen rhythmisch durch die Bildfolgen vor und zurück. In einem Weitwinkel, das die gesamte Szenerie des Bundesstaates Alaska erfassen könnte, erschiene der Mt. McKinley nur als einer von vielen tausend anderen Bergrücken. Und ließe man die Geschichte Alaskas seit dem Ende der letzten Eiszeit, als es unter zurückweichenden Gletschern zum Vorschein kam, im Zeitraffer ablaufen, dann würde seine gesamte historische Zeit einen Wimpernschlag ganz am Ende der Aufzeichnung bilden, ein Staubkörnchen auf den letzten Bildern. In Alaska ist die Zivilisation eine Randerscheinung, geradezu lächerlich, verglichen mit der Szenerie, vor der sie sich abspielt.

LAND DES VERDERBENS UND DER VERHEISSUNG

In den 200 Jahren seit der ersten Besiedelung durch die Europäer ist Alaska weitgehend eine unerforschte Wildnis geblieben. Nur ein winziger Teil der 1 536 610 km^2 Land ist ansatzweise erschlossen – selbst heute weisen nur schätzungsweise 650 km^2 Spuren menschlicher Eingriffe auf.[1]

Seine geographische Lage, die Witterung und die extremen Umweltbedingungen erklären, warum es auch unbewohnt bleiben wird. Im Norden ist das Land eine arktische Wüste. Nördlich der Brooks Range, wo der North Slope langsam zum Nordpolarmeer abfällt, taut die Tundra über die wenigen Sommermonate nur in einer dünnen Erd- und Wasserschicht an der Oberfläche auf. Tieferliegende Bodenschichten bleiben das ganze Jahr über gefroren wie seit Tausenden von Jahren; ein Zustand, der auch Permafrost (Dauerfrost) genannt wird. Viel Regen oder Schnee fällt nicht, aber das Wasser, das in den gefrorenen Boden nicht eindringen kann, steht obenauf und bildet riesige, flache Tümpel, die nur von brüchigen, heidebewachsenen Streifen matschiger Tundra unterbrochen werden. Viele der 10 Millionen Seen Alaskas befinden sich hier und bieten Wasservögeln einen Lebensraum, die im Sommer nach Norden ziehen. Riesige Herden wilder Karibus kalben auf dieser Küstenebene. Eine Erschließung ist teuer bis unmöglich: Die Bauten schmelzen sich durch ihre Eigenwärme in den Boden, wenn sie nicht auf Kühlschlangen oder anderen wärmeableitenden Vorrichtungen errichtet werden; die Wasserver- und -entsorgung zu bauen und zu unterhalten kostet in diesem gefrorenen Sumpf ein Vermögen. In Barrow, der nördlichsten Stadt, geht die Sonne im Sommer 84 Tage lang nicht unter und im Winter ebensolang nicht auf. Die Tageshöchsttemperatur im Februar liegt hier bei durchschnittlich -26 °C.

Die Brooks Range bildet die kontinentale Trennlinie zwischen Alaskas arktischen und inneren Gebieten. In Zentralalaska, dem inneren, kaum erschlossenen Bereich des Staates, liegen auch Nordamerikas höchster Berg, der 6194 m hohe Mt. McKinley, und der drittlängste Fluß der USA, der 3185 km lange Yukon. Hier mißt man die extremsten Temperaturen in ganz Alaska; sie schwanken zwischen einer Rekordhöhe von 38 °C und einem Rekord-Tief von -62 °C. Die meisten Menschen leben in der Mittelpunktstadt Fairbanks, die übrigen in kleinen Städtchen, Dörfern und weit auseinanderliegenden Siedlungen, und dies sind die einzigen menschlichen Behausungen, die das weite, buschbewachsene Flachland unterbrechen, das regelmäßig von Buschbränden heimgesucht wird. Die hochaufragende, von Tundra flankierte Bergwelt der Alaska Range und besonders das schimmernde Dreieck des Mt. McKinley ziehen im Sommer Jäger, Angler, Wanderer, Wassersportler und sogar Mountain-Biker an. Im Winter jedoch zieht sich die Menschheit zurück und überläßt die kalte, stürmische Dunkelheit den Wölfen, Elchen und Höhlenbären.

Die Südküste Alaskas ist da ganz anders. Die Bergketten, die sich hier aus dem Ozean erheben, fangen die Wolken vom Pazifik ein, die dann ihre Feuchtigkeit als heftige Schnee- oder Regenfälle abladen und so einen Wald mit mächtigem Baumbestand ernähren, der sich von der Kodiak-Insel nach Süden und Osten bis British Columbia ausdehnt. Dies ist das Land der Lachse und der riesigen, lachsfressenden Bären. Mächtige Gletscher schieben sich, tief in den Fels schneidend, unter dem ungeheuren Gewicht ihrer seit Jahrtausenden angehäuften Schneemassen über das Hochland an der Küste und lassen dabei haushohe Brocken aus blauem Eis in tiefe Fjorde fallen. Im nördlichsten Teil des Golfs von Alaska, in der Nähe von Alaskas größter Stadt Anchorage, ist die Küstenlinie rauh und sturmgepeitscht. In den geschützten Gewässern des Prince William Sound dagegen, im Cook Inlet und den vielen Buchten und Meeresarmen des Kodiak Archipels oder der Alaska-Halbinsel schicken reiche Lachsfischereien im Sommer von den Küstenstädten aus kleine Boote aufs Meer. Seetüchtige Kajaks ergründen die Kiesstrände unbewohnter Inseln und langer Fjorde. Gleich hinter dem Regenschleier der hohen Berggipfel in der Küstenregion herrschen noch die trockenen extremen Wetterverhältnisse Zentralalaskas, aber hier, entlang der Küste, sind die Temperaturen gemäßigt; selbst in den kältesten Winternächten fallen sie selten unter -30 °C.

Weiter südöstlich wird die Küstenlinie von der ziseliert wirkenden Inselformation des Southeast Alaska Panhandle (des »Südöstlichen Alaska-Pfannenstiels«) unterbrochen, so genannt wegen seiner Form auf der Landkarte. Die großen, dicht bewaldeten Inseln schützen die Inside Passage, ein Korridor fjordähnlicher Kanäle, die Ausflugsbooten und anderen Schiffen ermöglichen, die gesamte Strecke von Metlakatla bis Skagway abzufahren, ohne Gefahr zu laufen, auf größere Wellen zu stoßen. Die Witterungsverhältnisse hier sind gemäßigt und regnerisch und erinnern eher an die Pazifikregionen der Weststaaten als an das übrige Alaska. Städte wie die Hauptstadt Juneau, Sitka und Ketchikan liegen wie viele andere, kleinere Küstenstädtchen auf den gebirgigen Randzonen dieser Kanäle und sind nur per Schiff oder Flugzeug zu erreichen. Dies ist die am dichtesten bevölkerte Küste Alaskas, deren Wirtschaft auf Fischfang, Tourismus, Holzwirtschaft und dem Regierungssitz basiert. Dennoch ist »Wildnis« immer noch das beherrschende Thema. Zwischen den Städten liegen hunderte Kilometer zerklüfteter Küstenlandschaft, endlose Kiesstrände, die von schroff ins Meer abfallenden Granitfelsen überragt werden, sowie geschützte, mit Inseln durchsetzte Gewässer von grenzenloser Vielfalt und biologischer Schaffenskraft.

Mehr als 1500 km ragt die Inselgruppe der Aleuten in den Nordpazifik, weit über die internationale Datumsgrenze hinaus und hinein in einen neuen Tag. Die vulkanischen, nur von grünem Heidekraut überzogenen Aleuten trotzen unbarmherzigen Winden, unentrinnbaren Nebelbänken und den peitschenden Regengüssen endloser Stürme. In der Regel unbewohnt und völlig abgelegen, bieten die Inseln dennoch Lebensraum für eine der bedeutendsten exotischen Vogelkolonien und andere Wildtiere sowie zudem reiche Fischgründe – hier, am industriellen Außenposten Dutch Harbor, befindet sich der ertragreichste Fischereihafen der Vereinigten Staaten.

Geologisch verdankt Alaska seine Entstehung der Ausdehnung der Pazifisch-Tektonischen Platte. Dieser Abschnitt der Erdkruste, der sich jährlich etwa 2 cm vom Grunde des Pazifiks ausdehnt, schiebt seit Jahrmillionen größere Landmassen nach Norden und staucht sie in einer Zone entlang der Küste Alaskas wieder zusammen, wo die Erdkruste wieder in den ewigen Kreislauf der Erde hinabgezwängt wird. Dort wo dieser Zusammenprall stattfindet, türmen sich Berge auf – erdgeschichtlich am jüngsten ist das Küstengebirge, weiter nördlich werden die Bergketten zunehmend älter. (Der Mt. McKinley wächst immer noch meßbar um ein paar Zentimeter pro Jahrhundert.) 80 potentiell aktive Vulkane markieren den Küstenbogen, wo die tektonischen Platten aneinanderstoßen. Durchschnittlich alle 15 Monate wird der Staat von Erdbeben über der Stärke 7 auf der Richterskala erschüttert – jedes einzelne heftiger als das von 1994 in Los Angeles. Alaska ist ein unfertiges, noch nicht zur Ruhe gekommenes Land.

ERFORSCHUNG UND AUSBEUTUNG

Alaskas Geschichte ist der schiere Kampf mit seiner Unermeßlichkeit. Einige dieser Kämpfe sind deutlich zu sehen: die großen Bauwerke, die einzelne Gebiete untereinander und den Staat insgesamt mit der Außenwelt verbinden oder die Jagd nach Gold und anderen natürlichen Ressourcen sowie die Schwierigkeit, dem Boden diese Schätze zu entreißen. Für manche Menschen seiner Geschichte ist Alaska ein unbeschriebenes, weißes Blatt, das erschlossen werden muß. Anderen war es ein abgeschlossenes Meisterwerk, das durch menschliche Eingriffe nur verlieren konnte. Bergsteiger, Forscher, Naturliebhaber, Schriftsteller und Fotografen kamen, um die Schätze Alaskas zu erfahren und zu dokumentieren. War Alaska für die einen ein Land, das es zu bestellen und zu bevölkern galt, kamen andere eigentlich nur, um etwas mitzunehmen, blieben dann aber doch, um mit dem Land zu leben. Die ersten Bewohner Alaskas wollten es nicht erobern, sondern fühlten sich als Teil von ihm. Man nimmt an, daß die Vorfahren der Ureinwohner Nord- wie Südamerikas von Asien über die Bering-Landbrücke – die Flachwasserzone der nördlichen Beringsee war während der Eiszeiten trockenes Land[2] – einwanderten, die ersten vor etwa 25 000 Jahren. Diese frühesten Amerikaner zogen weiter nach Süden und wurden zu Inka, Irokesen und den meisten anderen Bewohnern Nord- und Südamerikas. Diejenigen, die später kamen, also vor 15 000 bis 4000 Jahren, blieben in Alaska und wurden im Norden und Westen zu Inupiat- und Yupik-Eskimos, in Zentral- und Südostalaska zu Athabasca-, Han-, Tlingit- und Haida-Indianern. Die Aleuten, die der gut 1500 km langen Inselkette ihren Namen gaben, waren ein Seefahrervolk, das vermutlich mit Booten aus den asiatischen Küstenregionen kam. (Daneben gibt es weitere Völker, und jedes verteilt sich auf mehrere Stämme; die einheimischen Völker Alaskas werden als Alaska-Natives, »Ureinwohner«, bezeichnet.)

Vor ihrem ersten Zusammentreffen besaß jede dieser Volksgruppen ihre eigene, unverwechselbare Sprache und Kultur; aber sie verband eine weitgehend gemeinsame Lebensart und -einstellung, vielleicht weil dies ihnen half, in einem unwirtlichen Land zu überleben. Das Zusammenleben war arbeitsteilig organisiert, streng gegliedert und traditionsverhaftet; die einzelnen Gruppen arbeiteten zusammen, wobei jeder eine bestimmte Aufgabe beim Fangen, Sammeln oder Zubereiten der Nahrung erfüllte. Auch die natürliche Umgebung war ihnen Verbündeter; nach ihrem Verständnis war jeder Baum und jedes Tier, ja selbst jede Eisscholle von Geistern bewohnt. Der Geist

Beim Abzug der ehemaligen russischen Eigentümer Alaskas im Jahre 1867 blieben einige größere Gebäude zurück, überwiegend in der Hauptstadt Sitka, z. B. die imposante St.-Michaels-Kathedrale, die 1848 vollendet wurde. Der russisch-orthodoxe Glaube war eine ihrer wenigen positiven Hinterlassenschaften in Alaska. Dieses Foto stammt von 1898.

Prospektoren und armselige Schürfer, die als erste in den neuen Goldrausch-Gebieten eintrafen, trugen meist so viel »leichtes Gold« wie möglich von Hand ab, wie hier in Nome. Dann verkauften sie an große Minengesellschaften mit maschineller Ausrüstung.

eines Karibus etwa führte danach den verdienten Jäger zu einer erfolgreichen Jagd und gab somit seinen Körper, um dessen Stamm am Leben zu erhalten. Nichts warf man weg. Selbst heute noch ist man erstaunt, wenn man Bewohner eines Inupiat-Dorfes einen Grönlandwal am Strand zerlegen sieht: Von diesem riesigen Tier bleiben nur ein paar Knochen übrig, die einst noch als Stützbalken für die Häuser gedient hätten.

Die Lebenswelt der ersten »zivilisierten« Erforscher Alaskas könnte kaum unterschiedlicher gewesen sein. Für sie war Alaska die Beute, die nur darauf wartete, gesichtet, benannt und der heimischen Krone übergeben zu werden. Vitus Bering, den Zar Peter der Große ausgeschickt hatte, die Westküste Amerikas zu finden und festzustellen, ob sie direkt an Rußland anschließt, reiste über 8000 quälende, unwegsame Kilometer quer durch Asien zur russischen Halbinsel Kamtschatka, wo er mitten in der Wildnis drei Schiffe baute. 1728 warf er als erster Weißer einen Blick auf Alaska, als er die heutige Insel St. Lawrence erblickte. Weil er daraus schloß, daß es keine Landverbindung zwischen Asien und Nordamerika gäbe, machte er sich nicht die Mühe, dort zu landen oder das Festland zu erreichen, sondern kehrte nach St. Petersburg zurück, um eine zweite Reise vorzubereiten. 1733 erhielt er die Erlaubnis, und 1737 machte er sich auf in den Fernen Osten. 1741 setzte er schließlich mit zwei Schiffen Segel und landete am 16. Juli auf Kayak Island im Golf von Alaska. Der deutsche Biologe Georg Steller ging für ein paar Stunden an Land und sammelte Proben, doch Bering kommandierte ihn zurück an Bord – er scherte sich nicht um Biologie oder Bewohner des Landes, das er entdeckt hatte, und wollte nicht einmal einen Tag auf derart lächerliche Untersuchungen verschwenden. Es ging zurück nach Kamtschatka. Dabei erlitt er Schiffbruch und konnte den Ruhm seiner Entdeckung nicht mehr erleben.

Bedeutsamer war wenig später das Eindringen russischer Pelzjäger, die von Pelzhändlern auf die Aleuten gesandt worden waren. Diese versklavten kurzerhand die Ureinwohner wegen ihrer Jagdkunst – sie wußten den Seeotter zu stellen und mit Speeren zu erlegen. Die Felle erzielten in China fürstliche Beträge – ein einziges Seeotterfell brachte so viel, wie ein Angestellter in einem Jahr verdiente –, und so hielten die Russen sich Geiseln, um sicherzustellen, daß die Jäger ihre Beute auch ablieferten. Leisteten die Aleuten Widerstand, massakrierten die Weißen ganze Dörfer. Später stellten sie den Ottern weiter im Süden nach und verfrachteten ihre aleutischen Jäger bis nach Kalifornien. Es dauerte nur 50 Jahre, bis das Volk der Aleuten um 80 % dezimiert und ihre Kultur nahezu ausgelöscht war.

Alexander Baranow war Rußlands einziger denkwürdiger Herrscher in Alaska. Widerwillig übernahm er 1790 die Leitung der mit Pelzen handelnden Russisch-Amerikanischen Gesellschaft und regierte die Kolonie dann 26 Jahre lang. Baranow, der seine Geschäfte von der ersten ständigen Niederlassung der Russen in Kodiak aus führte, mäßigte das russische Regiment, hatte aber Order, den russischen Einflußbereich weiter auszudehnen. Aleuten, Tlingit und andere Ureinwohner unter russischer Herrschaft blieben zwar im wesentlichen Sklaven, aber Baranov verfolgte die Straftaten gegen sie und verlangte von seinen Untergebenen, für ihre einheimischen Frauen und Kinder zu sorgen.

Auch auf dem Höhepunkt der russischen Besiedelung wohnten nur etwa 850 Menschen in den drei Siedlungen der Kolonie: in Kodiak und Sitka (damals »Neu-Erzengel«) und auf den Aleuten in Unalaska. Sie beanspruchten zwar die Besitzrechte von den Aleuten bis Kalifornien, ihr Einfluß blieb jedoch beschränkt. Wollte Baranow mit den Tlingit handeln oder verhandeln, mußte dies über Mittelsmänner geschehen: Kinder russischer Väter und einheimischer Mütter. Die russischen Kaufleute und später Marineoffiziere, die sich auf das Abenteuer Alaska einließen, zeigten wenig Interesse an seiner Besiedelung, sondern planten dort nur einen – wie sie hofften – kurzen und einträglichen Aufenthalt. Baranow selbst bat immer wieder darum, heimreisen zu dürfen, doch als er mit 72 Jahren endlich entlassen wurde, starb er auf der Rückreise nach Rußland. Einfachere Russen blieben dagegen häufig ganz in Alaska; sie sahen keinen Grund, nach Hause zurückzukehren, und verschmolzen mit der einheimischen Bevölkerung.

Bewunderung verdiente während der russischen Besatzung der Pater Iwan Wenjaminow. Der brillante, hochgewachsene russisch-orthodoxe Priester erlernte, als er 1824 mit seiner Familie in Unalaska ankam, die Aleuten-Sprache, schrieb ein aleutisches Wörterbuch und übersetzte die Kirchenlieder. Daneben stellte er wissenschaftliche Beobachtungen über das Wetter sowie wildlebende Pflanzen und Tiere auf den Aleuten an. Im Gegensatz zu seinen späteren protestantischen Kollegen war Wenjaminow überzeugt, man müsse den Ureinwohnern auf halbem Wege entgegenkommen, die christliche Lehre ihren Lebensverhältnissen und ihrer Sprache anpassen. Kurz nachdem er zum ersten Bischof Alaskas geweiht worden war, ging er 1840 nach Sitka und baute dort eine Kirche und ein Priesterseminar. Die Tlingit jedoch nahmen die fremde Religion nicht an, obwohl sich Wenjaminow auch um ihre Integration bemühte. Erst als sie später, unter amerikanischer Herrschaft, zwangsgetauft wurden, übernahmen viele Tlingit den russisch-orthodoxen Glauben – die einzige Konfession, in der sie den Gottesdienst in ihrer Muttersprache abhalten konnten.

Noch heute steht eines der Häuser, die Wenjaminow in Sitka baute, und noch immer finden in Orten auf den Aleuten und in Südostalaska russisch-orthodoxe Gottesdienste in den Sprachen der Einheimischen statt. Sein Erbe gehört zu den wenigen positiven Auswirkungen der hundertjährigen russischen Besatzungszeit. Ansonsten brachten die Russen Sklaverei und Krankheiten mit sich, die ganze Dörfer der Ureinwohner nahezu ausmerzten; sie löschten die Traditionen der Aleuten und Kodiak fast völlig aus und bejagten den Seeotter bis an den Rand der Ausrottung. Und sie taten wenig zur Entwicklung oder Erschließung ihrer Kolonie. Sie verhielten sich also nicht anders als irgendein anderer europäischer Kolonialherr in Amerika.

Aber auch andere Nationen erforschten und plünderten Alaska. 1778 vermaß der britische Kapitän James Cook den größten Teil der Küste auf einer Reise, deren eigentliches Ziel es war, die Nordwest-Passage zwischen Atlantik und Pazifik zu finden. Im Unterschied zu Bering sowie spanischen und französischen Seefahrern hatte Cook zur Dokumentation seiner Entdeckungen sachkundige Zeichner und Kartographen dabei; diese entwarfen detaillierte Landkarten, die noch ein Jahrhundert später in Gebrauch waren, sowie Stiche, die die Einheimischen zeigen, ehe sie assimiliert oder ausgerottet wurden. Außerdem hinterließ Cook einen großen nautischen Erfahrungsschatz, darunter das Heilmittel gegen Skorbut (Zitronen), und er benannte den Felsen, an dem der Tanker ›Exxon Valdes‹ zwei Jahrhunderte später im Prince William Sound havarierte. Das Bligh Riff wurde nach Cooks Navigator William Bligh benannt, der später als Kapitän der »H.M.S. Bounty« traurige Berühmtheit erlangte.

Zwar wurde Cook im Verlauf dieser Reise von hawaiianischen Kriegern auf der Insel Kauai getötet, doch die Engländer folgten seinen Spuren und eröffneten einen schwunghaften Pelzhandel mit den Einheimischen. Anfangs machten sie sich nicht die Mühe, Außenposten zu errichten; allerdings eröffnete die britische Hudson Bay Company schließlich eine Reihe von Handelsstationen, die das russische Monopol bedrohten. Die Briten waren bessere Geschäftsleute und viel erfolgreicher als die Russen: Statt Gewalt anzuwenden, kauften sie den Einheimischen die Felle zu fairen Preisen ab und erledigten ihre Angelegenheiten professioneller als die bürokratischen und ineffizienten Russen.

Zwar unterzeichneten die Russen Staatsverträge mit Briten und Amerikanern, in denen diese 1824 bzw. 1825 die russische Oberhoheit über Alaska anerkannten, sahen sich aber innerhalb von 14 Jahren gezwungen, einen großen Teil Südostalaskas den britischen Konkurrenten zu überlassen. Die Briten hatten hinter der Grenze im heutigen Kanada Handelsstationen errichtet, die von Wrangell den Strikine River flußaufwärts führten, und hätten das Geschäft mit den Einheimischen wohl ohnehin gewonnen. Sie hatten darüber hinaus auch Handelsposten in Zentralalaska errichtet, u. a. 1847 am Fort Yukon. Damit befanden sie sich auf russischem Territorium, aber anscheinend blieb dies unbemerkt, da sich die Russen selten weit von der Küste entfernten.

Walfänger aus Neu-England waren die ersten, die über Kontakte mit arktischen Bewohnern Alaskas, den Inupiat berichteten. Auf der Jagd nach dem tranreichen Grönlandwal nach Norden gelangt, segelten 250 schwere Holzschiffe an die Packeisgrenze und 1848 ins Nordmeer. Die Kontakte zu Einheimischen verliefen nach demselben Muster wie überall in Alaska: neue Krankheiten, denen viele erlagen, Alkoholmißbrauch, der die Dorfgemeinschaft zerstörte, und Hungersnöte infolge des Überjagens von Walen und Walrössern. Hatten die Inupiat vielleicht 100 Grönlandwale pro Jahr erlegt, fielen allein 1850 etwa 17 000 Tiere dem Walfängern zum Opfer. Waren die Wale zu stark dezimiert, jagten die Walfänger Walrösser, wobei sie immer hunderte Tiere auf einmal töteten und nur die Stoßzähne und die tranige Fettschicht mitnahmen, den Rest des Kadavers ließ man verwesen. Viele Inupiat hörten ebenfalls auf, das Fleisch auf ihre traditionelle Art zu konservieren und schlossen sich für Prämien dem Schlachten an. Bis 1880 waren mehr als 100 000 Walrösser erlegt, und in den Inupiat-Dörfern, zerrüttet von Alkoholmißbrauch und dem Mangel an Jagdtieren, starben Hunderte den Hungertod.

Der Kauf Alaskas durch die USA war die passende Reaktion auf die russische Verwaltung des Subkontinents, die eher einer Hinterhof-Schacherei glich als der Eroberung eines ressourcenreichen Landes. Die seit jeher schwache russische Herrschaft über Alaska war um die Mitte des 19. Jahrhunderts unrentabel geworden. Die militärisch geführte Russisch-Amerikanische Gesellschaft war inzwischen auf staatliche Subventionen angewiesen. Zudem besaß Rußland andere Quellen für Pelztiere und hatte daher keinen Bedarf an Alaska; gleichzeitig wurde deutlich, daß es britischen und amerikanischen Versuchen, die Kolonie einzunehmen, nichts entgegenzusetzen hatte. So wurde man rasch handelseinig: Im März 1867, innerhalb von 18 Tagen, vereinbarte Staatssekretär William Seward mit dem russischen Botschafter in Washington den Kauf Alaskas für 7,2 Millionen Dollar, knapp 5 Dollar pro Quadratkilometer Land. Am 18. Oktober wurde die russische Flagge in Sitka eingeholt. Das amerikanische Militär übernahm die Macht, und die 483 Russen, die in Alaska – fast alle in Sitka – lebten, zogen heim.

Nun stellte sich die Frage, wie man das Geld für den Kauf aufbringen sollte. Der US-Senat billigte Sewards Vertrag, aber das Repräsentantenhaus sperrte sich, die Zahlung von 7,2 Millionen Dollar zu bewilligen. Einige Zeitungen verspotteten den Handel als »Sewards Narretei« und »Sewards Eiskübel« – noch hatte man keine Vorstellung von der Größe Alaskas oder seiner Bodenschätze.

Der Scheck wurde schließlich im Juli 1868 ausgestellt, nach einer kräftigen Lobbying-Kampagne von Seward und dem russischen Botschafter, und wäre wahrscheinlich überhaupt nicht angewiesen worden, hätte der Kongreß nicht fürchten müssen, einen alten Verbündeten zu verärgern. Darüber hinaus beachtete der Kongreß dieses riesige neue Territorium so wenig, daß er bis 1884 keine Regierung für Alaska ernannte – bis dahin gab es keinerlei Durchsetzung geltenden Rechts, keinen Richter, keine Möglichkeit, eine Ehe zu registrieren, ein Testament aufzusetzen oder Schulden einzutreiben, kein Recht auf eigenes Land und keine sonstige Staatsgewalt außer der periodischen Präsenz des Militärs. Verständlich wird dies vielleicht wenigstens zum Teil aufgrund der Tatsache, daß es kaum Nicht-Einheimische zu regieren gab: Laut einer Erhebung im Jahre 1884 lebten gerade einmal 430 amerikanische Staatsbürger in ganz Alaska. Dessen Status entsprach in etwa dem der »Indianergebiete«, die es in der amerikanischen Geschichte auch schon früher und in anderen, noch nicht staatlich organisierten Bundesstaaten gegeben hatte. Diese rechtliche Struktur wurde auf Gebiete mit weniger als 5000 nicht-indianischen Siedlern angewendet; sie umfaßte keine voll handlungsfähige Territorialregierung, sondern lediglich Militär-Garnisonen, die die

Den in den Jahren 1897 und 1898 in gewaltiger Zahl anreisenden Goldsuchern wurde die Einreise nach Kanada nur gestattet, wenn sie einen Jahresvorrat an Lebensmitteln mit sich führten, was knapp eine halbe Tonne Gewicht bedeutete. In mehreren Etappen schafften die Prospektoren ihre Vorräte über den Chilkoot-Paß und bildeten dabei eine schier endlose Schlange.

Staatsgewalt insbesondere gegenüber der einheimischen Urbevölkerung aufrechterhalten sollten.

Die bedeutsameren Entdeckungen dieser Zeit gelangen mit Hilfe der Ureinwohner. Im Jahre 1880 fanden Joe Juneau und Richard Harris eine bedeutende Goldlagerstätte – an der Stelle, wo sich heute die Hauptstadt Alaskas, Juneau, befindet – nur dank der Unterstützung des Häuptlings Kowee, einem Tlingit. Als man einige Jahre später, 1886, Gold im Fortymile River Country fand, verdankte man auch dies den Indianern: Die Han, die auf das Vorkommen gestoßen waren und keine Verwendung dafür hatten, erzählten den Prospektoren, wo das Gold zu finden war.[3] Die Alaska Commercial Company verließ sich bei ihrer Expansion in die jungfräulichen Wälder völlig darauf, daß die Ureinwohner ihre Felle in ihren Handelsstationen ablieferten, und als John Muir 1879 die Glacier Bay (»Gletscherbucht«) entdeckte, hatte ihn ein einheimischer Führer dorthin geführt.

Muirs Respekt vor den Ureinwohnern und sein Interesse an Alaska, das weit über den wirtschaftlichen Nutzen seiner Bodenschätze hinausging, unterschied ihn von den anderen Forschern dieser Epoche. Er fand Parallelen zwischen seinen eigenen spirituellen Vorstellungen über die Natur und den Glauben der Ureinwohner, den er an den Lagerfeuern kennenlernte. Erst seine Aufzeichnungen über Alaska – in einem Zeitraum von 20 Jahren unternahm er fünf Reisen dorthin – machten dessen Schönheit populär.[4] 1899 nahm Muir an einer Alaska-Kreuzfahrt an Bord eines gecharterten Luxusdampfers teil, die der Eisenbahn-Magnat Edward H. Harriman finanziert hatte. Diese Reise unterschied sich kaum von anderen Touren dieser Epoche, die von John D. Rockefeller, Henry Villard von der *Northern Pacific Railroad* oder diversen Kongreß-Mitgliedern organisiert wurden, außer daß Harriman die großen Jagd- und Sightseeing-Aktivitäten noch durch die Arbeit eines mitgeführten Teams erstklassiger Naturkundler, Künstler und Schriftsteller erweiterte.[5] Ihre »Reiseberichte« umfaßten schließlich 14 Bände und trugen – zusammen mit früheren Expeditionen, die Beschreibungen, Kunstgegenstände und Fotos von Alaska erbracht hatten – wesentlich dazu bei, der Nation die Schönheit und Wertschätzung ihres nördlichen Grenzlandes nahezubringen.[6] Dieses Bewußtsein bildet letztlich einen guten Teil der Grundlagen einer nationalen Naturschutz-Politik für die Landschaften Alaskas.

Im ausgehenden 19. Jahrhundert allerdings hatte sich die US-Regierung noch nicht mit der Erschließung von Alaska befaßt, geschweige denn mit dem Erhalt seiner Natur. Dennoch brachte die Vernachlässigung durch die Amerikaner die Erschließung schneller mit sich, als es die russischen Kontrollmechanismen je zugelassen hätten. Statt eines Regierungsmonopols, das die Schätze der Region abzuschöpfen trachtete, konnte jeder im wesentlichen das tun, was er oder sie wollte. Geschäftsleute aus Seattle und San Francisco eigneten sich lachsreiche Flüsse an, brachten Arbeiter und Fischer nach Alaska und bauten Konservenfabriken auf Pontons und Schwimmdocks. Regelmäßig verkehrende Dampfer hielten die Verbindung der Fabriken untereinander sowie die zur Außenwelt aufrecht. Da es jedoch an Regeln und Kontrolle mangelte, wurden die Gewässer immer wieder überfischt, was Hungersnöte bei den Ureinwohnern und das schnelle Aus für die Konservenfabriken zur Folge hatte. Prospektoren zogen durch das unerforschte Land und suchten nach Gold – gelegentlich mit Erfolg. Diverse kleinere Anfälle von Goldfieber brachten ständig mehr Menschen nach Norden, die hofften, sich durch das Schürfen oder Prospizieren schnell ein Vermögen zu verdienen. Straf- und Schürfrecht wurde von ad hoc gebildeten Gruppen von Prospektoren in die Hand genommen, die dann einen Protokollführer wählten und sich bei schweren Straftaten die Pflichten von Richtern, Geschworenen und Vollstreckern teilten. Zudem durchstreiften Händler und Trapper die Wildnis nach Pelztieren. Bis zum Jahr 1890 war Alaskas nicht-einheimische Bevölkerung innerhalb von zehn Jahren um das Zehnfache auf 4298 Personen angewachsen.

Protestantische Missionare wollten andere Schätze heben: die Seelen der Ureinwohner. 1879 tauchte ein presbyterianischer Pfarrer, Dr. Sheldon Jackson, in Alaska auf und errichtete eine Mission in Wrangell, einem vormals russischen Militärstützpunkt und Hafen, von dem aus die Goldfunde auf dem Stikine River verschifft wurden. Als enger Freund des späteren Präsidenten Benjamin Harrison (1888–1892), startete Jackson eine nationale Kampagne mit dem Ziel, die Lebensbedingungen der Ureinwohner Alaskas zu verbessern, die er als Opfer gesetzloser Neuankömmlinge sah. Dank Harrisons Unterstützung im Kongreß, trug er wesentlich dazu bei, daß 1884 ein Gesetz zur Einsetzung einer Zivilregierung in Alaska verabschiedet und ein Bildungsfonds für die Einheimischen zur Verfügung gestellt wurde. Nach seiner Ernennung zum Bildungsminister setzte Jackson diese Politik um, indem er die protestantischen Kirchen aufforderte, sich dieser Aufgabe anzunehmen, und indem er die Regionen und Dörfer auf elf Konfessionen aufteilte, so daß jede Kirche ihr eigenes Territorium und damit ihr eigenes spirituelles Einflußgebiet erhielt. Nun schwärmten die Missionare aus mit dem Auftrag, die Ureinwohner zu bekehren und an die westliche Zivilisation anzupassen und sie auf deren Wirtschaft vorzubereiten.

Die neuen Missionsstationen stellten jedoch nicht nur die seelische und medizinische Versorgung sowie die Ausbildung der Urvölker sicher, sondern dokumentierten auch viele Informationen über deren Kultur und Lebensweise, die andernfalls vermutlich verlorengegangen wären. Mit Sicherheit gelang es ihnen, die Härten des Lebens in diesem rauhen Land zu mildern. Indem sie die halbnomadischen Stämme dazu bewegten, seßhaft zu werden, gelang es ihnen, die medizinische Versorgung sowie eine regelmäßige schulische Bildung zu etablieren und die Ureinwohner bis zu einem gewissen Grad vor den Grausamkeiten und Ungerechtigkeiten zu schützen, denen sie von seiten der Neuankömmlinge in Alaska ausgesetzt waren. Es ist aber auch nicht zu verhehlen, daß die Missionare bei allem guten Willen auch schweren Schaden an der Kultur der Einheimischen anrichteten. So waren den von ihren christlichen Idealen durchdrungenen Seelsorgern die traditionellen Tänze der Ureinwohner, das Weitererzählen uralter Legenden und die Potlach-Feiern (rituelle Winterfeste der Häuptlingsanwärter) ein Greuel, und sie unterbanden sie, wo immer sie konnten. Die Kinder mußten Englisch lernen, und man verbot ihnen, ihre Muttersprache zu sprechen. Die Missionare hielten die auf die gemeinschaftliche Versorgung aller ausgerichtete Lebensweise der Ureinwohner für eine Form der Trägheit und Anarchie und glaubten, sie mittels einer westlichen Rechtsordnung, regelmäßiger Arbeit, von Besitzstand, Kleidung, gepflegtem Äußeren und Bildung davon heilen zu müssen. Die Regierung unterstützte diese Bemühungen und erklärte viele der überlieferten Gebräuche für illegal. Diese Regelungen blieben bis 1934 in Kraft, die Rassentrennung bis 1945. Infolgedessen sind heute viele Traditionen der Ureinwohner unwiederbringlich verloren, während das Ziel, die westliche Geldwirtschaft in der Wildnis Alaskas zu etablieren, verfehlt wurde. Eine ganze Generation einheimischer Kinder ging in Schulen, wo man sie bestrafte, wenn sie die Sprachen ihrer Eltern sprachen. Ihrer Sprache und der überlieferten Erzählungen beraubt, gelang es ihnen nicht mehr, die eigene Geschichte und Lebensweise zu begreifen, die ihr Volk physisch wie spirituell über Jahrtausende am Leben erhalten hatte. Harold Napoleon, ein Schriftsteller aus dem Volk der Yupik, macht das Trauma der großen Epidemien europäischer Krankheiten, die einige Dörfer fast vollständig auslöschten, in anderen die traditionelle Hierarchie der Ältesten und geistigen Führer zerstörte, dafür verantwortlich, daß die Ureinwohner all dies nur still ertrugen.[7] In den Jahren zwischen 1850 und 1890 wurde die Urbevölkerung Alaskas um die Hälfte dezimiert. Krankheiten, Alkohol und Hungersnöte gingen dabei mit der kulturellen Unterdrückung einher. Und die Zerstörung hielt an: Der Goldgräber-Pionier Scotty Allen berichtete in seinen Memoiren, daß um die Jahrhundertwende weiße Prospektoren in Nordwestalaska ihre Hunde mit den Leichen der Ureinwohner fütterten, die an den Epidemien gestorben waren, welche eben diese Goldgräber eingeschleppt hatten.[8]

Noch immer leiden viele Dörfer unter Alkoholismus, Selbstmord und Gewalt, was Napoleon wie viele andere Beobachter auf kulturelle Umbrüche zurückführt. In seinem 1991 erschienenen Buch *Tuuyaraq: The Way of the Human Being* (»Tuuyaraq: Das Wesen des Menschen«) schreibt er: »Wir sind die letzten 100 Jahre wie betäubt umhergewandert, erschüttert durch eine Folge traumatischer Umbrüche und Anstürme … Viele der jüngeren Generation der Ureinwohner Alaskas haben sich gegen sich selbst gewandt. Sie geben sich die Schuld dafür, daß sie arbeitslos, Bürger zweiter Klasse, nicht in dem Sinne erfolgreich sind, wie es ihnen von ihrem Umfeld vermittelt wird. Sie messen sich an den Standards der schönen bunten Fernsehwelt, der amerikanischen Bilderbuch-Gesellschaft, und danach haben sie versagt. Die Schuld dafür suchen sie bei sich selbst. Niemand sagt ihnen, daß nicht sie schuld sind, daß mit ihnen alles in Ordnung ist, daß sie geliebt werden. Manchmal wissen sie nicht einmal, wer oder was sie sind.«[9]

Zwischen Rausch und Ruin

Alaska erhielt seinen Platz auf der Landkarte am 17. Juli 1897, als der »Seattle Post Intelligencer« folgende reißerische Schlagzeile veröffentlichte:

> **»Gold! Gold! Gold! Gold!**
> **Achtundsechzig reiche Männer**
> **auf dem Dampfer ›Portland‹!**
> **Haufenweise gelbes Metall!«**

Über die Gangway zweier Schiffe gingen Prospektoren mit Seesäcken und Überseekoffern voller Gold – insgesamt so um die zwei Tonnen – an Land. Sie erzählten von einem Fluß namens Klondike, wo sie Gold in Lagen dick wie die Käsescheiben auf

Unten: Alles was von der ehemaligen Goldgräberstadt Dyea aus dem Klondike-Goldrausch übrig blieb, sind diese Stümpfe eines ehemaligen Piers und die schlichten Gräber der Prospektoren, die 1898 auf dem Chilkoot-Pfad in einer Lawine umkamen.

Das Fallenstellen für den Pelzhandel bildete den Anfang der Erschließung Alaskas. Auch heute noch sichert das Fallenstellen den Lebensunterhalt so mancher Dorfbewohner.

einem Bauernbrot gefunden hätten. Seattle und ein Großteil der übrigen Welt stand kopf. Ende Juli erreichten die ersten großen Gruppen von Goldgräbern bereits den Chilkoot-Trail. Insgesamt machten sich schätzungsweise 100 000 Menschen auf, unter ihnen die Mehrheit der Einwohner von Seattle.[10]

Die Auswirkungen, die diese Neuigkeit zeitigte, gingen weit über das Erwachen simpler Gier hinaus. Die Entdeckung der Klondike-Vorkommen traf Amerika zu einem historisch kritischen Zeitpunkt, als nämlich die Goldreserven die wirtschaftliche und politische Diskussion beherrschten. Der Dollar fußte auf dem Gold-Standard: Die US-Regierung stützte jeden im Umlauf befindlichen Dollar mit Gold; beide waren direkt austauschbar. Da nun die Wirtschaft schneller wuchs als die Goldreserven – der letzte große Goldrausch in den Nachbarstaaten der USA fand im Jahre 1875 statt –, wurde das Geld zunehmend knapper, und damit fielen die Preise. Die Situation wurde zusätzlich verschärft, da die Menschen Gold horteten, es so dem Goldkreislauf entzogen und bei der Regierung eine Knappheit erzeugten. Der Deflationsdruck kam den Gläubigern und Reichen zugute, schadete dagegen den Bauern und dem einfachen Volk. Schuldete man jemandem Geld, mußte man es in einer Währung zurückzahlen, die an Wert gewann, während die Agrarpreise und Löhne ständig fielen. 1893 jedoch zerschmetterte der Schraubstock Deflation die gesamte Wirtschaft, weil die Unfähigkeit der Schuldner, ihre Darlehen zurückzuzahlen, Hunderte von Banken in den Konkurs trieb und ganze Märkte zusammenbrachen. Während dieser schlimmsten Depression der USA waren 20 % der Arbeiter arbeitslos, und die Menschen verhungerten buchstäblich.[11] William Jennings Bryan gewann 1896 die Kanditatur der Demokraten für das Präsidentenamt mit dem Slogan: »Du sollst die Dornenkrone nicht aufs Antlitz der Arbeit drücken; du sollst die Menschheit nicht an ein Kreuz von Gold schlagen!«

Die Rettung der Wirtschaft erschien jedoch in der unwürdigen Gestalt von George Carmacks, Charlie Tagish und Jim Skookum, die in diesem Sommer an einem Flußlauf in der Nähe des Throndiuck schürften – sein indianischer Name wurde von den Weißen zu »Klondike« verhunzt –, einem Nebenfluß des Yukon auf dem Gebiet des kanadischen Yukon Territory. Seit dem Kauf von Alaska waren Goldsucher nach Norden vorgedrungen und hatten in Südostalaska und auf der Halbinsel Kenai im südlichen Zentralgebiet auch Gold gefunden. 1886 war man am Fortymile River, einem vom Klondike aus weiter flußabwärts und hinter der Grenze, auf US-Gebiet gelegenen Nebenfluß des Yukon, auf Goldvorkommen gestoßen. Immer noch schufteten Minenarbeiter mit mäßigem Erfolg an diesen Claims, als Carmacks im Spätsommer 1896 in den örtlichen Saloon spazierte und von seinem unglaublichen Fund berichtete. Innerhalb von 48 Stunden war das Fortymile-Gebiet verlassen, denn jeder stakste flußaufwärts zum Klondike und begann, den Kiesgrund aufzugraben. Im folgenden Frühjahr wuschen die Prospektoren diesen Kies, sortierten das Gold aus und stellten fest, daß sie tatsächlich reich geworden waren.

Die Nachricht von den Funden hatte eine durchschlagende Wirkung auf die amerikanische, ja die Weltwirtschaft. Höhere Goldmengen bedeuteten mehr Geld im Umlauf, höhere Preise für Waren und Agrarprodukte, eine gesteigerte Industrieproduktion und zusätzliche Arbeitsplätze. Bis 1914 hatten sich die Goldreserven weltweit verdoppelt, aber die im Umlauf befindliche Goldmenge stieg weitaus schneller, da diejenigen, die es unter der Matratze gehortet hatten, ihren Teil in den Goldkreislauf zurückgaben. Die US-Wirtschaft blühte auf.

In Alaska konnten die durch die Goldfunde ausgelösten Veränderungen kaum plötzlicher oder dramatischer sein. Die schätzungsweise 60 000 bis 100 000 Goldsucher drangen in ein Gebiet ohne Straßen oder selbst Ortschaften vor, in dem bis dahin etwa 5000 Weiße und 25 000 Ureinwohner lebten. Es gab mehrere Routen dorthin, aber die direkteste ging von der Inside-Passage aus, die nur von Dampfern angefahren werden konnte. Die meisten Goldsucher überwinterten in der Ureinwohner-Siedlung Dyea am Fuße des 50 km langen Chilkoot-Passes oder in der neu entstehenden Stadt Skagway, 14 km weiter südlich am Einstieg in den White-Paß, einer Parallelroute über die Berge.

Einige machten sich noch 1897 auf den Weg – blauäugige Kraftprotze, die auf ein Land im Griff einer winterlichen Hungersnot losstürmten –, nachdem sie zufällig auf einige erfahrenere Prospektoren gestoßen waren, die wegen des Nahrungsmangels aus diesem Gebiet zurückkehrten. Die kanadischen Behörden hatten vorausschauend verlangt, daß jeder Goldsucher Proviant für ein Jahr mitzubringen hatte, knapp eine halbe Tonne Gewicht, die über steile, steinige Pfade zu tragen war. Auf dem White-Paß, wo Pferde eingesetzt wurden, verendeten allein 1897 unterwegs 3000 Tiere, überladen und mißhandelt von habgierigen, durchgedrehten Glücksrittern. Auf dem für Pferde zu steilen Chilkoot-Paß schleppten einheimische Träger enorme Lasten und bildeten mit den Goldsuchern eine ununterbrochene, einreihige Linie. Wer ausscherte, mußte oft Stunden warten, um auf den Pfad zurückzukommen. War man erst »über den Berg«, spielten sich die Prüfungen auf dem Wasser ab: in handgeschnitzten Booten über den Lake Bennett und gut 750 km den tückischen Yukon River hinunter.

Dyea und Skagway wurden aus dem Nichts zu pulsierenden Städten, jede wahrscheinlich mit mehr als 10 000 Bewohnern, obwohl alle Einwohnerzahlen reine Mutmaßungen sind, da hierüber in den wilden »Boomtowns« nicht Buch geführt wurde. Täglich brachten Dampfer neue Goldsucher mit, die dem zum Scheitern verurteilten Traum nachliefen, am Klondike – wo längst alle vielversprechenden Claims abgesteckt waren – ihr Glück zu machen.

In Dyea und Skagway gab es keinerlei Ordnungsmacht, und sie wurden sehr schnell von Banden kontrolliert, u. a. von dem gefürchteten Soapy Smith, der Skagway beherrschte, bis er im Juli 1898 bei einer Schießerei mit einer Bürgerwehr getötet wurde. Alexander MacDonald, ein weitgereister Engländer, der 1897 durch Skagway reiste, beschrieb die Stadt: »Ich bin auf meinen Wanderungen hinter die Außenposten der Zivilisation ja schon in einige finstere Ecken dieses Erdballs geraten, aber das wohl auf widerwärtige Art gesetzloseste Pflaster, das mir je untergekommen ist, war Skagway. Es schien als ob der Abschaum der Menschheit hierher geeilt wäre, um abzuzocken, zu rauben oder … zu morden. Es gab keinerlei wie auch immer geartete Rechtsordnung; es galt das Recht des Stärkeren, und nur die Erschossenen waren außer Gefahr.«[12] Schießereien waren an der Tagesordnung, und jeder Dampfer, der hier anlegte, brachte eine frische Ladung Opfer für die Banden und Trickbetrüger.

Jenseits der Grenze hatten die kanadischen Behörden den Goldrausch relativ gut im Griff. John Ladue, der 20 Jahre zuvor selbst als Goldsucher in den Norden gekommen war, hatte einen Goldrausch in dieser Gegend vorausgesehen und die Straßen von Dawson City am Zusammenfluß von Yukon und Klondike entsprechend ausgelegt. Als 1896 tatsächlich Gold entdeckt wurde, war er bereit: mit käuflichen Parzellen, einem Sägewerk und einem Gefängnis. Als er 1898 den Norden wieder verließ, gehörte er zu den reichsten Profiteuren des Goldrausches, und Dawson City war mit schätzungsweise 30 000 Einwohnern die zweitgrößte Stadt an der amerikanischen Westküste nach San Francisco. Bald erhielt es elektrisches Licht, mehrere Theater, feine Bekleidungshäuser, acht Zeitungen, 250 Flußdampfer, aber auch 200 Prostituierte.[13] Auf der amerikanischen Seite der Grenze hatte Captain James Moore denselben Weitblick wie Ladue und steckte sein Grundstück dort ab, wo sich am ehesten eine neue Stadt entwickeln würde: Skagway. Doch in dem gesetzlosen Ansturm wurden seine Besitzrechte schlicht ignoriert, und es gelang ihm erst Jahre später, sie gerichtlich zurückzugewinnen.

Auch andere hatten dieselbe Idee, warteten aber nicht notwendigerweise auf den Goldrausch, um abzukassieren. So zog eine Gruppe von 28 Minenarbeitern, denen Dawson City 1898 zu ruhig war, ein paar Tage den Yukon hinunter, überschritt die Grenze in die USA, steckte dort – ohne spezielle Rechte an diesem Land – Claims von gut 15 x 30 m sowie ein Straßennetz ab und gründeten die Stadt Eagle. Zurück in Dawson City, zogen sie in drei verschiedenen Bars eine Show ab, warfen mit Goldsäckchen um sich und spendierten Lokalrunden. Die Historikerin Elva Scott berichtete, daß die Arbeiter zwar niemandem direkt sagten, daß sie auf Gold gestoßen seien, aber trotzdem etwa 1000 Menschen von Dawson flußabwärts eilten und die Claims zu überhöhten Preisen kauften. So wurde die neue Stadt Eagle auch ohne Gold zu einem bedeutenden Wirtschafts- und Regierungszentrum. 1899 baute die Armee dort ein Fort, 1901 errichtete man ein Bundesgerichtsgebäude, später auch andere Regierungsbauten. Die neue Stadt zum Regierungssitz zu bestimmen, bot sich wegen ihrer Lage an der kanadischen Grenze und der Nähe zu den Goldfeldern an und auch, da sie die einzige erwähnenswerte Siedlung in Zentralalaska war, die nicht den Ureinwohnern gehörte. Die Amtsträger, Angestellten, Anwälte und Missionare brachten die feine Lebensart in den Norden und veranstalteten edle Bälle. Es gab eine Kegelbahn und einen abgeschlossenen Schießstand, und man schuf einen Zugang zum Flutgebiet bei Valdez. Leutnant Billy Mitchell, der spätere Vater der amerikanischen Luftwaffe, beaufsichtigte den Bau einer Telegrafenleitung, die Eagle mit Valdez verband, von wo aus eine Unterwasserleitung die Verbindung mit der Welt außerhalb Alaskas sowie mit Nome und St. Michael an der Westküste herstellte. Selbst der Arktisforscher Roald Amundsen machte hier während seiner Reise durch die Nordwestpassage (1903–1905) Halt – er mußte telegrafieren.

Auch wenn die Blütezeit der Stadt Eagle nur kurz währte, erwiesen sich ihr Telegraf sowie eine Funkrelais-Station, die den Telegrafen ab 1920 ersetzte, als bedeutend für die Erschließung der riesigen Weiten Alaskas. Bevor das Militär diese Systeme eingerichtet hatte, war Alaska acht bis neun Monate im Jahr weitgehend von der Außenwelt abgeschnitten – während der Zeit, in der das Eis den Dampferverkehr auf den Flüssen unmöglich machte. Erst am Ende des Zweiten Weltkriegs ersetzte ein normales Telefonnetz dieses Kommunikationssystem in Alaska. Bis dahin mußte man, wollte man den Telegrafen oder das Funkrelais benutzen, selbst eine Funkstation aufsuchen, um Nachrichten zu senden oder zu empfangen. Dennoch war es jahrzentelang eine lebensnotwendige Verbindung, die die Erschließung des Territoriums beschleunigte.[14]

Der Niedergang der Goldgräberstädte kam ebenso überraschend wie ihre Entstehung. Keine zehn Jahre nach der Gründung Eagles wanderten seine Bewohner nach Fairbanks ab, und die Stadt verschwand fast völlig. Dawson City verlor etwa 10 000 Einwohner, als 1899 in Nome Gold gefunden wurde. Einer der Prospektoren, den man verletzt am Strand von Nome im Zelt zurückgelassen hatte, wusch den Sand und stellte fest, daß er voller Gold war. Die Kunde von diesem neuen Fund brachte eine zweite Flut von Goldsuchern ins Land: Die Einwohnerzahl von Nome lag damals vermutlich bei über 20 000; offiziell zählte sie im Jahr 1900 jedenfalls 12 488 Bürger. Reichtum erlangten bei jedem Goldfund nur einige wenige; innerhalb eines Jahres hatten die großen Minengesellschaften die Claims aufgekauft und begannen, sie industriell auszubeuten. Und in einer Goldmine einer geregelten Arbeit nachzugehen war nun wirklich nicht die Sache der vielen Goldsucher. Sie träumten davon, mit dem großen Fund auf einen Schlag reich zu werden.

Schwand also die Hoffnung auf leichte Gewinne, zogen die meisten weiter zum nächsten Gebiet. In Nome lebten 1920 nur noch 852 Menschen, obwohl dort bis heute Gold gefördert wird. In Skagway waren es nach 1910 nur noch 850. Etliche Goldstädte entlang des Iditarod-Trails in

Unten: Der für militärische Zwecke erbaute 2130 km lange Alaska-Highway wurde 1942 nach nur neunmonatiger Bauzeit von sieben Bauregimentern und 47 Vertragspartnern fertiggestellt. Die Straße, die naturbelassenes Gelände und oft auch Sümpfe überspannt, ist zwar holprig, war aber bei ihrer Freigabe für die Allgemeinheit nach dem Zweiten Weltkrieg die günstigste Route für eine Flut von Besuchern und Möchtegern-Pionieren.

Luftfahrt-Pionier Noel Wien, hier links im Bild, bei seiner Vorbereitung auf den ersten Flug von Anchorage nach Fairbanks im Jahre 1924. Die Rollbahn bildet heute den innerstädtischen Grüngürtel. Die Luftfahrt löste den Hundeschlitten in den zwanziger Jahren schnell ab und bildet noch heute das wichtigste Transportmittel für den größten Teil Alaskas.

Westalaska wurden mit den klassischen Doppelfassaden-Häuserreihen an der Hauptstraße, Restaurants, Kurzwarenläden und Hotels hochgezogen. Passagiere und Fracht wurden im Sommer von Flußdampfern, im Winter von Hundeschlitten befördert. Wenn das leichte Gold abgetragen war, verschwanden die Städte. Iditarod ist heute nur noch ein Punkt auf der Landkarte, und nur wenig zeugt noch davon, daß es einmal eine pulsierende Stadt war.

Viele Goldgräberstädte wurden letztlich von denselben Menschen aufgebläht, die kreuz und quer durchs Land hasteten. Sie waren zum Klondike gehetzt, hatten dort keinen Erfolg gehabt und waren entweder dem Goldfieber zu sehr erlegen, um aufgeben zu können, oder – so gestand einer der Pioniere – sie schämten sich, nicht als reicher Mann nach Hause zu kommen. Das Leben war hart und gefährlich, und die konkurrierenden Prospektoren begegneten einander wie auch den Ureinwohnern häufig mit äußerster Brutalität. Wie wenig diese wilde Epoche idealisiert werden kann, wie fruchtlos die Hetzjagd nach Wohlstand von einer Boomtown zur nächsten quer durchs Land war, wird nicht zuletzt aus den Romanen des wohl prominentesten Goldsuchers, Jack London, deutlich. Mit dem Ersten Weltkrieg ging dem Goldrausch endlich die Luft aus. Jene, die dennoch in den verwaisten Städten zurückblieben, hatten in Alaska etwas gefunden, das sie nicht aufgeben wollten, auch wenn es nichts mit Reichtum zu tun hatte.

Im Jahre 1900 wurde die *White Pass and Yukon Route* fertiggestellt, eine Bahnlinie die von Skagway über den White-Paß bis ins Yukon Territory führt. Obwohl nach dem Ende des Goldfiebers die Einwohnerzahl von Skagway innerhalb kürzester Zeit auf etwa 850 absank (wo sie bis heute steht), waren hier die Grundlagen für eine bescheidene, aber stabile Wirtschaft gelegt: die Bahnlinie, das Dock, an dem die Bahn das Erz aus den industriellen Goldminen anlieferte, und die Gebäude aus der Goldrausch-Zeit, die rasch zur Touristen-Attraktion wurden. Die ersten Besucher kamen 1903; heute sind es jährlich mehr als 500 000, die sich die grell bemalten Gebäude aus der Zeit des Goldrausches, den Cancan und das guterhaltene Grab des Banditen Soapy Smith ansehen. Es gibt hier mehr als 50 Souvenirläden, fast alle an der einen historischen Straße gelegen, die sich in eine belebte Einkaufspassage verwandelt, wenn im Sommer die Ausflugsdampfer in Skagway anlegen. In der Stadt herrscht eine fröhliche Karnevals-Atmosphäre, die einen Eindruck von der Geschäftigkeit, nicht jedoch vom Horror des Goldrausches vermittelt.

Dyea, einst harte Konkurrentin von Skagway 14 km weiter nördlich, hatte weniger Glück. Nach dem Bau der Eisenbahnlinie war es nicht mehr nötig, von hier aus in den Chilkoot-Paß einzusteigen, und die sinkenden Einwohnerzahlen reichten nicht aus, um die zwei Geschäftszentren am Leben zu erhalten. Innerhalb weniger Jahre löste sich die Stadt, in der einst über 10 000 Menschen gelebt und gearbeitet hatten, gleichsam in Luft auf. Selbst die Häuser verschwanden, da ihr Baumaterial als Nutzholz neue Verwendung fand. Heute gibt es in Dyea nur noch Rottannen, wilde Iris und Strandginster. Der einzige Beweis für eine ehemals menschliche Besiedelung sind das eine oder andere Stück rostigen Eisens sowie die zerbrochenen Pfähle, die einst das Dock trugen. Ein spezieller Ort jedoch blieb erhalten: Als in den sechziger Jahren staatliche Arbeiter damit beschäftigt waren, den Chilkoot-Paß für den Freizeitsport zu erschließen, stolperten sie im Wald über einen zugewachsenen Friedhof. Sie hatten die letzte Ruhestätte der meisten der 60 bis 70 Prospektoren gefunden, die am Palmsonntag, dem 3. April 1898, auf dem Chilkoot-Trail in einer Lawine umgekommen waren. Niemand weiß genau, wer hier begraben liegt, woher die Männer kamen oder ob ihre Familien jemals erfuhren, was ihnen zustieß. Noch heute kann man über die Schotterstraße nach Dyea gelangen, bis zu jener Öffnung zwischen den Bäumen, die zu einer dunklen, verhangenen Lichtung führt, und über die vieldeutigen und unvollständigen Angaben auf den Grabsteinen brüten. Allerdings findet kaum ein Tourist je den Weg hierher.

Ein neues Jahrhundert

Der Zeitraum in Alaskas Geschichte zwischen dem Ersten Weltkrieg – ein Datum, an dem die meisten Historiker das Ende des Goldrausches festmachen – und dem Zweiten war eine Zeit der Konsolidierung. Die Bevölkerungszahlen stabilisierten sich, da es keine wirtschaftliche Hochkonjunktur als Grund für Wanderbewegungen gab; aber gute Fischfangjahre und die Ausbeutung von Mineralvorkommen im großen Stil, die man während des Goldrausches entdeckt hatte, half neue Städte und eine Infrastruktur zu schaffen, die nach dem Zweiten Weltkrieg den Alaska-Boom vorantreiben sollte.

Um die Jahrhundertwende fand man ein außergewöhlich reiches Kupfervorkommen bei Kennicott, in der Wildnis, wo sich heute der Wrangell-St.-Elias-Nationalpark befindet. Um dieses Metall auf den Markt zu bringen, benötigte man riesige Investitionen und eine bedeutende Ingenieursleistung: den Bau einer 350 km langen Bahnstrecke vom Prince William Sound bis in die hochaufragenden, unwegsamen Berge entlang des Copper River. Michael J. Heney, eine schillernde Figur und ein verwegener Eisenbahn-Unternehmer, der die Region erkundet hatte, nahm die Herausforderung des Projekts an. Er war durch den Bau der Bahnstrecke über den White-Paß von Skagway nach Whitehorse (1898–1900) zu Ruhm und Reichtum gelangt. Dieses Projekt würde noch schwieriger sein: Hier mußte zwischen zwei Gletschern eine Brücke über den Copper River geschlagen werden, einen schnell fließenden, tiefen, von Gletscherwasser gespeisten Fluß. Ohne konkrete Aussicht auf Finanzierung schickte Heney ein Untersuchungsteam in die Berge, während er sich selbst beim Grundbuchamt die Wegerechte sicherte.

Im Jahre 1905 gab eine Gruppe von Bankiers an der Ostküste unter Führung von Daniel Guggenheim und J. P. Morgan bekannt, daß sie die Kupfervorkommen erschließen wollten und daß ihr *Alaska Syndicate* zu diesem Zweck eine eigene Bahnstrecke von Valdez aus plane. Heney spekulierte darauf, daß seine Route besser sei, und begann, die *Copper River und Northwestern Railroad* mit eigenem Kapital von der neuen Stadt Cordova aus zu bauen, obwohl er wußte, daß er nicht genügend Geld flüssig hatte, um die Arbeiten zu Ende zu bringen. Er hoffte allerdings, daß das *Alaska Syndicate* ihn freikaufen würde. Um zu verhindern, daß jemand sein Wegerecht verletzte, baute er eine Befestigungsanlage und kündigte in der »Seattle Times« öffentlich an, daß er durchaus bereit sei, selbst mit Dynamit zu kämpfen. Innerhalb weniger Jahre und nachdem sie Millionen für ihr eigenes, erfolgloses Modell in den Sand gesetzt hatten, investierte das Syndikat in Heneys Plan. Cordova wurde plötzlich zu einer bedeutenden Stadt. Heney trieb energisch seine »Millionen-Dollar-Brücke« über den Copper River voran und verlegte die Bahnstrecke hoch hinauf in die Berge in Rekordzeit. Fertiggestellt wurde sie im Jahre 1911, kurz nach Heneys Tod, zu den astronomischen Kosten von 23,5 Millionen Dollar. Für die Investoren hat sich das Kapital allerdings mehrfach amortisiert: Allein 1916 förderte man hochgradig reines Erz im Wert von 32 Millionen Dollar. Zudem beförderte die Bahn viele Touristen, die die Gletscher zu beiden Seiten der Brücke sehen wollten.[15] Der Verfall der Kupferpreise und andere äußere Faktoren zogen im Jahre 1938 die rasche Schließung der Mine und der Bahnlinie, die sie bewirtschaftete, nach sich. Die Stadt Kennicott verschwand – die Habseligkeiten, die ihre Bewohner bei ihrer übereilten Abreise zurückließen, sind heute noch zu sehen. Auch Cordova erlebte einen Niedergang, überlebte jedoch als kleiner Fischerort.

Zu diesem Zeitpunkt hatte Austin »Cap« Lathrop sein Vermögen längst gemacht. Lathrop war vor den Goldfunden am Klondike in den Norden gekommen, betrieb dort ein Ein-Boot-Schiffahrts-Unternehmen und kam, kurz nachdem das Geld des Alaska Syndicates zu fließen begonnen hatte, in Cordova an. Anfangs mit ein paar Pferden, baute er bald ein Netzwerk lokaler Einzelgeschäfte auf, einschließlich eines Filmtheaters. Wie Heney war er ein zielstrebiger Unternehmer, und obwohl er sich niemals in derselben Größenordnung bewegte, war seine Wirkung auf Alaska vermutlich dauerhafter. Denn er machte die Region zu seiner Heimat, und im Gegensatz zu vielen anderen, die ihr Vermögen im Norden gewonnen hatten, reinvestierte er sein Kapital in die örtliche Wirtschaft.

Unten: 1959 wurde Alaska offiziell als 49. Staat der USA aufgenommen. Symbolisch fügte man der Flagge am Regierungsgebäude in der Innenstadt von Anchorage einen Stern hinzu.

Im Jahre 1913 forderte der neue Präsident Woodrow Wilson bereits während seiner Amtsantrittsrede den Bau einer staatseigenen Bahnstrecke nach Alaska, damit »das Warenhaus Alaska aufgeschlossen werde«. 1914 billigte der Kongreß den Bau der *Alaska Railroad*, und am 10. April 1915 versprach Wilson den Bau einer Bahnstrecke, die von Seward durch das Susitna-Tal nach Fairbanks führen sollte.[16] Aufmerksame Unternehmer wie Lathrop stiegen schnell ein. Nur einen Monat nach Wilsons Ankündigung hatte Lathrop sein Bauholz- und Zugpferde-Geschäft aus Cordova teilweise auf das Gelände eines neuen Camps für den Eisenbahnbau am Ship Creek verlegt. Nachdem er bereits am Aufbau von Cordova mitgewirkt hatte, war er nun auch zu dem Bauvorhaben von Anchorage an dem Tag zur Stelle, als staatliche Ingenieure 1915 die Lage des neuen Stadtgebietes bekanntgaben. Und im August besaß er das feinste Gebäude der Stadt, das Lathrop-Gebäude an der Ecke von Fourth Avenue und H-Street.

In schneller Folge baute Lathrop in Anchorage ein Theater, ein Hotel sowie Appartments und beteiligte sich an der Gründung einer Bank und einer Minengesellschaft. Daneben baute er Theater in anderen Städten und rief sogar eine Filmproduktion ins Leben, deren Studios in Anchorage lagen. Deren erste und einzige Produktion, »The Cheechakos«, erwies sich zwar als Pleite, dafür war Lathrop aber in seinen anderen Unternehmungen um so erfolgreicher: Er besaß Anteile am Kohlebergbau, an Rundfunk, Zeitungen, Fischverarbeitungsanlagen und etlichen miteinander verflochtenen anderen Geschäftszweigen, die sich über den ganzen Staat verteilten. Bald war er der reichste Mann Alaskas. Dennoch blieb er beliebt, wenn auch leicht exzentrisch, trug einfache Kleidung, sprach wenig und spendete Geld für Bürgeranliegen und mittellose Senioren.[17]

Im Jahre 1923 schlug Präsident Warren Harding den goldenen Nagel in Nenana ein, der die Fertigstellung der Alaska Railroad symbolisierte. Die Strecke startete in der Hafenstadt Seward, führte durch die Militärzentrale in der neuen Stadt Anchorage und endete in Fairbanks, der einzigen bedeutenderen Stadt in Zentralalaska. Wirtschaftlich zwar nie ein Erfolg, hielt die Bahn Städte am Leben, die militärisch bedeutsam geworden wären, wenn Alaskas strategische Position während des Zweiten Weltkriegs kritisch geworden wäre.

Eine andere Revolution im Transportwesen überholte die Schiene, als diese gerade fertig war. Straßen waren damals primitiv und erreichen bis heute nur einen relativ kleinen Teil des Landes. Die Luftfahrt dagegen war auf einzigartige Weise an die Bedingungen Alaskas angepaßt und ist immer noch die einzige Möglichkeit, die meisten der kleinen, weit verstreuten Gemeinden zu erreichen. Die Einführung zuverlässiger Kleinflugzeuge in den zwanziger Jahren veränderte die Reisegewohnheiten der Bewohner Alaskas und bewirkte, daß man die großen Entfernungen des Gebiets besser bewältigen konnte. Jean Potter erzählt in ihrem 1945 publizierten Buch »The Flying North« (»Der Flug nach Norden«)[18] die Geschichte von Fred Milligan, einem Postzusteller und Hundegespannführer, der eines schönen Tages im Jahre 1924 von seinem Schlitten aufsah und über sich das erste Postflugzeug des Luftfahrtpioniers Carl Ben Eielson fliegen sah. Eielson konnte seine Posttour vom Bahnhof in Nenana bis zur Stadt McGrath in drei Stunden erledigen. Milligan brauchte dafür 20 Tage. Es erstaunt also nicht, daß sich die Postzusteller mit Schlittenhundgespannen nach dem Einsatz

Am Karfreitag, dem 27. März 1964, zerstörte das heftigste Erdbeben, das Nordamerika je erschütterte, den Süden Zentralalaskas; 131 Menschen starben. In Anchorage legten sich verflüssigende und absackende Erdmassen das zentrale Einkaufsviertel an der Fourth Avenue in Schutt und Asche.

von Flugzeugen nicht mehr lange hielten; ihre Verbindungswege wie der Iditarod-Trail zwischen Seward und Nome wurden stillgelegt und erst 50 Jahre später wieder für professionelle Hunderennen reaktiviert. Alaska hatte eine Stufe in der ökonomischen Entwicklung übersprungen und war vom mit Tieren betriebenen Transportsystem zur Luftfahrt geschritten.

Es fehlte in Alaska jedoch an Start- und Landebahnen, Wetterstationen, Funkeinrichtungen oder anderweitiger Infrastruktur, um die Flugzeuge zu leiten. Daher mußten die Piloten, die zum Verbindungsglied zwischen den Gemeinden geworden waren, sehr waghalsig sein. Sie machten sich allein mittels Kompaßpeilung über große, unbewohnte Landstriche auf den Weg und hielten dabei mit einem Auge Ausschau nach Flüssen, Sandbänken, Meeresufern und dem Rauch der Ansiedlungen. Nicht selten endeten die Flüge in tödlichen Abstürzen, die in der Wildnis Alaskas auch heute noch allzu häufig vorkommen. (Eielson selbst kam 1929 bei einem Absturz in Sibirien ums Leben.)

Trotz der mit der Fliegerei verbundenen Gefahren war Eielson nur einer von zahlreichen Piloten, die in den zwanziger Jahren die diversen Flugrouten erkundeten. Zu nennen sind da etwa noch Noel und Sigurd Wien, zwei Brüder, die von einem Platz in Anchorage aus begannen und schließlich eine moderne Fluglinie unter ihrem Namen aufbauten. Sheldon Simmons gründete die *Alaska Coastal Airways*, und Merle »Mudhole« (»Matschloch«) Smith startete *Cordova Airways*, beides Vorläufer der derzeitigen Alaska Airlines. Bob Reeve gründete die *Reeve Aleutian Airways*. Aber Eielson – ein Lehrer aus Fairbanks, der in die Fliegerei einstieg, als eine Gruppe der ortsansässigen Geschäftsleute Geld sammelte, um ihm ein Flugzeug zu kaufen – erfreut sich nach wie vor besonderer Beliebtheit. Als Prototyp eines Buschfliegers wird sein erstes Flugzeug immer noch auf dem Flughafen von Fairbanks ausgestellt.

Die erste Landung eines Verkehrsflugzeugs, das Alaska mit dem Rest der USA verbinden sollte, fand im Jahre 1940 statt, als Pan Am den Linienflugverkehr in das Gebiet aufnahm. Heutzutage bringen Linienflugzeuge die meisten der auswärtigen Besucher in die großen Städte Alaskas, und in der Tat ist Anchorage inzwischen ein Knotenpunkt der internationalen Luftfahrt mit einem Flughafen, auf dem jährlich über 5 Millionen Passagiere und mehr Luftfracht als irgendwo sonst in den USA abgefertigt werden. (Auf Schiffen gelangen heute noch rund 500 000 Besucher pro Jahr nach Alaska.)

Im Zeitalter der Luftfahrt wandelte sich die geographische Abgeschiedenheit, die Alaska einst zu einem vergessenen Winkel der Welt gemacht hatte, in dessen größten strategischen Vorteil. In einer Ansprache an den Kongreß im Jahre 1935 sagte General Billy Mitchell voraus, daß Japan versuchen könnte, in Alaska einzumarschieren: »Sie werden direkt hierher nach Alaska kommen …, dem zentralsten Ort der Welt für Flugzeuge nicht nur Amerikas, sondern auch für Europa und Asien. Ich bin überzeugt, daß in Zukunft gelten wird: Wem Alaska gehört, dem gehört die Welt. Und ich halte es für den strategisch wichtigsten Teil der Welt.«[19] Als Hitler 1940 die Niederlande besetzte, billigte der Kongreß den Bau von Fort Richardson in der Eisenbahnstadt Anchorage – damit anerkannte er, unbeeindruckt von der japanischen Bedrohung, Alaskas potentielle Bedeutung als Knotenpunkt der weltweiten Luftfahrt. Das sogenannte Leih-Pacht-Programm, das die Sowjetunion während des Zweiten Weltkriegs mit Flugzeugen ausstattete, nutzte eine Reihe von Flugplätzen in Alaska, um Tausende von Flugzeugen aus amerikanischen Fabriken nach Rußland zu transferieren. In Fairbanks übernahmen russische Piloten die Maschinen und flogen sie über Nome und nach Sibirien.

Vor dem Krieg hatte man sich nicht um die Verteidigung Alaskas gekümmert: ein Fort in Haines, das in der Zeit des Goldrausches erbaut worden war, um die Routen zum Klondike zu schützen, war der einzige militärische Außenposten in Alaska. Nun verabschiedete die amerikanische Regierung ein Programm zum raschen Aufbau militärischer Anlagen im gesamten Land. Das größte Projekt war der 2250 km lange Alaska Highway, der das Gebiet mit dem Rest der Vereinigten Staaten verbinden sollte. Die Bauarbeiten begannen Anfang 1942, und der erste Versorgungs-Konvoi rollte im Dezember desselben Jahres über die Straße – als die Japaner Pearl Harbour angriffen. Es war eine beeindruckende Leistung, da die Trasse durch riesige Sumpfgebiete in völlig jungfräulicher Wildnis führte; sieben Ingenieurs-Regimenter und 27 Fremdfirmen arbeiteten von Norden und Süden aufeinander zu. Die Straße, die zunächst Alaska-Canada Military Highway oder ALCAN hieß (über 1500 km liegen in Kanada), bildete die erste Überland-Verbindung zwischen Alaska und dem nordamerikanischen Straßennetz. Während des Krieges diente die Straße ausschließlich militärischen Fahrzeug-Konvois, die Versorgungsgüter für die Stützpunkte des Leih-Pacht-Programms und andere Materialien für Notkasernen in Anchorage, Fairbanks und an anderen Orten des Landes transportierten. Nach Kriegsende wurde der Alaska Highway ein wichtiger Verkehrsweg für neuankommende Siedler, nordwärts reisende Touristen auf der Suche nach Abenteuern und Frachtgut für Zentralalaska. Entlang der Straße entstanden Städte mit Motels, Tankstellen und anderen am Highway orientierten Geschäftszweigen.

General Mitchells Vorhersage über Alaskas strategische Bedeutung bewahrheitete sich, als am 3. Juni 1942 japanische Flugzeuge den Marinestützpunkt im Dutch Harbor von Unalaska auf der Inselgruppe der Aleuten angriffen. Mehr als 70 Amerikaner starben, und Teile des erst kurz zuvor fertiggestellten Fort Mears brannten. Beide Seiten verloren in der Luftschlacht je etwa zehn Flugzeuge. Ein paar Jahre später landeten die Japaner auf den äußeren Aleuten-Inseln Kiska und Attu und nahmen 39 Aleuten, einen Lehrer und zehn Angestellte einer Wetterstation gefangen. Die Gefangenen, unter denen sich auch Kinder befanden, verbrachten den Rest des Krieges in japanischen Tonminen; weniger als die Hälfte kamen lebend zurück. Aber auch das US-Militär verschuldete den Tod vieler Aleuten, als es den Rest der Inselbevölkerung evakuierte. Noch während ihrer Abreise auf einem Schiff der Marine mußten einige Aleuten – die per Geburt amerikanische Staatsbürger waren – mitansehen, wie ihre angestammten Dörfer vom Militär niedergebrannt wurden, um den japanischen Truppen jeden Unterschlupf zu nehmen. Für die gesamte Dauer des Krieges brachte man sie in unwürdigen Unterkünften im Südosten Alaskas unter, wo viele an Kälte und Krankheiten starben. Zahlreiche der Inseldörfer erwachten nie wieder zum Leben.

Kiska und Attu waren die ersten Orte auf amerikanischem Boden seit 1812, die von fremden Truppen besetzt wurden, und die Amerikaner unternahmen enorme Anstrengungen, um die Inseln wieder einzunehmen. Sie errichteten sofort Militärstützpunkte auf Adak und Amchitka in enger Nachbarschaft zu den Japanern. Am 11. Mai 1943 landeten die Amerikaner auf Attu und lieferten sich eine achtzehntägige Schlacht mit den japanischen Truppen – die zweitschlimmste Schlacht in der Pazifik-Region nach Iwo Jima.

Danach begannen amerikanische Flugzeuge und Schiffe, Kiska anzugreifen, um am 10. August, als Infanterietruppen auf der Insel landeten, festzustellen, daß die Japaner unbemerkt abgezogen waren. Mehr als zwei Wochen zuvor war ein aus acht Schiffen bestehender japanischer Flottenverband im dichten Nebel eingedrungen und hatte alle Soldaten unbemerkt in Sicherheit gebracht.

Alaska brachte der Krieg ein explosionsartiges Wirtschaftswachstum und neue Zuwanderer, von denen viele auch nach dem Friedensschluß blieben. Der Alaska Highway bildet eine holprige, aber brauchbare Strecke für die Abenteurer aus dem Rest der Welt. Eine Flut neuer Siedler strömte ins Land, ehemalige GIs, die sich nach Alaskas weithin offenen Möglichkeiten umtaten.

Schwarzes Gold und der neunundvierzigste Stern

Die Nachkriegs-Ära erwies sich für Alaska als eine Zeit explosionsartigen Wachstums und des bürgerlichen Optimismus; die Bemühungen, Alaska zum Bundesstaat zu machen, erlahmten. Nachdem mit dem Ende des Krieges die Militärausgaben deutlich gesunken waren, sorgte der Kalte Krieg wenige Jahre später für einen weiteren Boom der Militärausgaben. Alaska als Front-Staat gegen potentielle russische Angriffe erhielt vom Kongreß die Bewilligung riesiger Stützpunkte und eines flächendeckenden Radar-Frühwarnsystems, um gegen eine eventuelle Bomber-Invasion gewappnet zu sein. Das Pentagon baute bei Fairbanks das größte Flugfeld der Welt, den Eielson Luftwaffenstützpunkt (benannt nach dem Flugpionier Carl Ben Eielson), um dort die amerikanischen mit Nuklearwaffen bestückten Langstreckenbomber zu stationieren. Die Preise schossen in die Höhe, und es herrschte große Nachfrage nach Wohnraum.

Vor dem Krieg hatte Anchorage nur einige tausend Einwohner – selbst für die Verhältnisse in Alaska eine Kleinstadt, in der weniger als 6 Prozent der Bevölkerung des Landes lebten. Der sich entwickelnde Kalte Krieg brachte eine überhitzte Wirtschaft, extreme Wohnungsknappheit und gedankenlos hochgezogene Bausünden, die vor Ort ein Vermögen einbrachten, mit sich. Bis zum Jahre 1950 war die Bevölkerung auf 30 000 angewachsen, ein Viertel der Gesamtbevölkerung des Territoriums, und in den folgenden 18 Monaten wuchs sie um weitere 50 Prozent. Als man in den siebziger Jahren begann, in Alaska Öl zu fördern, lebte fast die halbe Bevölkerung Alaskas in Anchorage, das nun auch nach nationalen Begriffen eine bedeutende Stadt war.

Die große politische Debatte jener Zeit – nämlich Alaska zu einem souveränen Bundesstaat zu erheben – spielten sich von Anfang an auf nationaler Bühne ab. Dies traf auch für die meisten anderen Regierungsthemen vor der Staatsfrage zu, da die Territorialverwaltung beinhaltete, daß nur wenige Machtbefugnisse an die örtliche Legislative abgegeben wurden; der Präsident ernannte den Gouverneur, und die Bürger der Territorien wurden im Kongreß nicht vertreten. Der einzige Gerichtshof, an den man ein Rechtsbegehren richten konnte, war das Bundesbezirksgericht, die oberste Instanz der US-Marshall (Bundes-Bezirkspolizeichef).

Die Bewohner Alaskas forderten auch für sich die vollen amerikanischen Bürgerrechte, und viele beschuldigten die Bundesregierung, Mißwirtschaft mit Alaskas Ressoucen zu betreiben. Nicht aus Alaska stammende Fischverarbeiter mit guten Drähten in die Hauptstadt Washington erhielten bevorzugten Zugang zu den Lachsflüssen. Die Bürokratie des Bundes verzögerte Entwicklungsprojekte. Mit seiner Anerkennung als Bundesstaat würde Alaska Eigenständigkeit, eine Stimme in Washington, Landstriche, die es nach dem Willen seiner Bürger gestalten konnte, und eine ortsansässige Verwaltung der Fisch- und Wildbestände erhalten.

Ernest Gruening war aus Washington gekommen, um sich in Alaska niederzulassen, und wurde – da er seine Verbindungen nach beiden Seiten nutzen konnte – zur Schlüsselfigur in der Souveränitätsfrage. Er war ein Journalist, Autor und vormaliger Herausgeber der Zeitungen »The New York Post« und »The Nation«, dem Präsident Franklin Delano Roosevelt 1934 die Verantwortung für ein Departement der Zentralagentur übertrug, der alle US-Territorien unterstanden. Im Jahre 1939 ernannte Roosevelt Gruening zum Gouverneur von Alaska, eine Stellung, die er bis 1953 innehatte, als Präsident Dwight D. Eisenhower den Posten mit einem Republikaner besetzte. Doch Gruening machte seinen Einfluß bei der Regierung ebenso wie bei seinen alten Freunden an der Ostküste geltend, um seinen Argumenten für die Souveränität Alaskas Gehör zu verschaffen. 1954 verfaßte er eine gut rezensierte Geschichte Alaskas, in der er wenig subtil vorging: Schon im Inhaltsverzeichnis erschienen die einzelnen Epochen in der Geschichte Alaskas als »Die Ära völliger Vernachlässigung (1867–1884)«, »Die Ära schändlicher Vernachlässigung (1884–1898)«, »Die Ära eines leichten, aber unaufgeklärten Interesses (1898–1912)« und »Die Ära der Gleichgültigkeit und Gedankenlosigkeit (1912–1933)«. Die Jahre der Roosevelt-Präsidentschaft und seines eigenen

Gouvernements kamen etwas besser weg als »Die Ära wachsenden Interesses«.[20] Gruenings vielzitierte programmatische Rede von 1955 vor Alaskas gesetzgebender Versammlung trug den Titel: »Lassen Sie uns die amerikanische Kolonisation beenden.« Sie rüttelte auf, und 1956 wurde er zu Alaskas erstem, nicht stimmberechtigten, jedoch beratenden Senator gewählt. Nachdem Alaska den Status eines Bundesstaates erhalten hatte, wurde Gruening wiedergewählt und blieb bis 1968 im Amt.

Andererseits argumentierten viele Kongreßabgeordnete, daß eine Regierung für Alaska zu teuer sei, die dortigen Steuerzahler überfordere und permanente Bundeszuschüsse erforderlich mache. Eisenhower hielt das Territorium für zu groß für einen Staat und wollte statt dessen nur das Gebiet südlich des Yukon berücksichtigen. Auch in Alaska gab es durchaus eine Opposition gegen die Erhebung zum Bundesstaat, vor allem wegen der zu erwartenden neuen Steuern. Lathrop etwa, der reichste und mächtigste Mann in Alaska, argumentierte mit Hilfe seiner Zeitungen und Rundfunksender, daß die Steuerlast des neuen Staates für die wenigen Geschäftsleute, die sie aufzubringen hätten, zu schwer sei. Als Lathrop 1950 bei einem Unfall in einem seiner Kohlebergwerke ums Leben kam, riß dies eine große Lücke in die Reihen der Souveränitätsgegner. Der neue Besitzer des »Fairbanks News Miner« sorgte für einen radikalen Richtungswechsel: »Wir sind amerikanische Staatsbürger«, donnerte Verleger C. W. Snedden 1954 in einem seiner Leitartikel, »und wir haben ein Recht darauf, all die Privilegien zu genießen, für die unsere Vorväter kämpften und starben.«[21]

Entscheidender für die Anerkennung Alaskas als eigenständiger Staat war letztlich aber die Entdeckung von Öl im Jahre 1957. Daß es in Alaska Öl geben mußte, wußte man seit der Jahrhundertwende, da man in Katalla in der Nähe von Cordova auf austretendes Rohöl gestoßen war. Ende der fünfziger Jahre stellte wohl ein Dutzend Gesellschaften in Alaska Untersuchungen an, als *Atlantic Richfield*, heute als Arco bekannt, am Swanson River auf der Halbinsel Kenai auf die ersten größeren Ölvorkommen stieß. In Anchorage kam es zu wilden Szenen. »Kaum war die Entdeckung bekanntgeworden, stürmten die Menschen ins Grundbuchamt«, erzählt John Roderick, ein zeitgenössischer Berichterstatter.[22] »Es gab eine regelrechte Pacht-Wut. Man mußte nur den Bundesantrag ausfüllen – in fünf Durchschlägen, soweit ich mich erinnere – und seine Gebühr bezahlen. Wer zuerst am Schalter war, bekam die Pacht.«

Millionäre wurden in Anchorage diejenigen mit den besten Insider-Informationen. Innerhalb eines Jahres war jedes geologische Becken des Territoriums verpachtet, und mehr als 100 Ölgesellschaften – vom Multi bis zum örtlichen Kleinunternehmer – durchkämmten jeden Winkel. Weitere Öl- und Gasvorkommen wurden in Cook Inlet entdeckt. Die Funde waren zwar nur von lokaler Bedeutung, erwiesen sich aber wegen ihrer politischen Auswirkungen als bedeutend. Im Jahre 1958 kam der Kongreß offenbar zur Einschätzung, daß Alaska nun über ausreichend Wirschaftskraft verfügte, um sich selbst zu versorgen, und stimmte für die Aufnahme des Territoriums als 49. Staat der USA mit einer Landzuweisung von 420 880 km^2. Alaskas neue Regierung besaß genug Land, um eine auf Bodenschätzen basierende Wirtschaft voranzutreiben.

Die Ölindustrie zahlte von Anfang an den größten Teil der Rechnung für die staatliche Souveränität und wurde zum Motor eines schnellen Wirtschaftswachstums, besonders in Anchorage. Zu den ersten Projekten, die der neue Staat in Angriff nahm, gehörte es, zuverlässige und kostengünstige Transportmöglichkeiten für die Küsten-Gemeinden zu schaffen, die über Straßen nicht zu erreichen waren. Große blau-goldene, hochseetüchtige Schiffe des Alaska Marine Highway nahmen einen regelmäßigen Fährdienst zu den Städten an der Inside Passage, auf Kodiak und zu den küstennahen Inseln der Aleuten auf. Diese Linien, die noch immer vorwiegend mit den 1963 erbauten Schiffen in diesen Gewässern verkehren, transportieren Menschen und Fahrzeuge zwischen den Städten hin und her – zu etwa den Preisen, die sie bezahlen müßten, wenn sie die Strecke selbst führen, sofern das möglich wäre.

Der Optimismus und das Vertrauen dieser Epoche in das technisch Machbare wurden auf eine harte Probe gestellt, als das südliche Zentralalaska am Karfreitag, dem 27. März 1964, von einem gewaltigen Erdbeben heimgesucht wurde. Das Beben, das die Stärke 9,2 auf der Richterskala erreichte, forderte 131 Menschenleben, zumeist durch Tsunamis (riesige Flutwellen), die über die Küstenbereiche der Kleinstädte und Dörfer dieser Region hereinbrachen. Valdez und Kodiak wurden weitgehend vom Wasser zerstört, eine Flutwelle bei Valdez knickte Bäume, die mehr als 30 m oberhalb der Flutmarke wuchsen. Das Dörfchen Chenega am Prince William Sound wurde dem Erdboden gleichgemacht, die Hälfte seiner Bewohner fortgeschwemmt. In Anchorage verflüssigten sich Tonschichten im Erdboden, nachdem sie durch das Beben 10 Minuten lang durchgeschüttelt worden waren. Der Boden riß auf, brach weg und zerstörte so einen Großteil des Zentrums. Das Schicksal anderer Städte war mit dem nächsten Hochwasser besiegelt, da sich herausstellte, daß tausende Quadratkilometer Land bis zu 3 m abgesackt waren. Doch auch die schlimmste Katastrophe hat ihr Gutes: Das Spendenaufkommen für den Wiederaufbau war so groß, daß es eine neue Hochkonjunktur in Alaska erzeugte.

Alaskas nächste Runde im Glücksspiel der Ökonomie jedoch stellte alles bisher Dagewesene in den Schatten. Der junge Staat traf zwei Entscheidungen, die den größten Ansturm auf seine Ressourcen zur Folge hatten: Zum einen wählte das Landesparlament den North Slope zu einem seiner bundesrechtlich zugesicherten Landgebiete und setzte ein Pachtverfahren in Form einer Versteigerung ein. Nicht mehr der Erste, sondern der Meistbietende sollte den Zuschlag erhalten. 1968 entdeckte Atlantic Richfield an der Prudhoe Bay das größte Ölfeld Nordamerikas, und am 10. September 1969 wurde bei einer Anhörung in Anchorage für jedermann erkennbar, wie bedeutsam diese Nachricht war. Die Medien in aller Welt verfolgten, wie die Ölgesellschaften sich für einen Anteil am Ölfeld gegenseitig überboten. Gezahlt wurden insgesamt 900 Millionen Dollar, was der heutigen Kaufkraft von etwa 3,8 Milliarden Dollar entspricht – eine unvorstellbare Summe, die alle bisherigen Wirtschafts- und Staatsetats von Alaska bei weitem übertraf. Aber selbst diese Summe verblaßt angesichts der 9 Milliarden Dollar, die in eine Pipeline investiert wurden, um das Öl nach Valdez zu schaffen, und angesichts der staatlichen Mineralölsteuern und Lizenzgebühren, die im Jahr 1982 die Rekordhöhe von 3,6 Milliarden erreichten. Bis 1997 gelang es, aus den Gewinnen 21 Milliarden Dollar als Rücklagen in Kapitalvermögen anzulegen.

Als Investor mußte man allerdings einiges Durchhaltevermögen aufbringen. Nach dem Ölboom von 1969 dauerte es fünf Jahre, ehe die Genehmigungen für die Trans-Alaska-Pipeline nach mehreren Verzögerungen endlich erteilt und 1974 mit dem Bau begonnen wurde. Danach kam es allerdings zu einem Boom, der sich mit dem Goldrausch vergleichen läßt: Eine Flut junger Arbeiter zog in den Norden. Wer Arbeit fand, erhielt astronomische Löhne für zweiwöchige Arbeitsschichten, und viele gaben ihr Geld während der einwöchigen Freischicht in der Stadt mit vollen Händen wieder aus. Allerdings stieg die Kriminalitätsrate rapide an, nicht zuletzt deshalb, weil es der Polizei nicht gelang, ihre Beamten zu halten – auch sie wollten alle an der Pipeline mitarbeiten. »Irgendwie war es ein geordnetes Chaos«, erinnert sich Rick Enders, ein Professor der Universität von Alaska, der diesen Boom beobachtete und studierte.[23] »Die Leute empfanden es wie die Gründerjahre im Wilden Westen, als Amerika noch das Land der unbegrenzten Möglichkeiten war. Es gab ungezählte Bars und noch viel mehr Prostituierte in Alaska, denen natürlich auch die Drogen folgten.«

Das Ende des Pipeline-Baus bremste die Wirtschaft auf eine normale Gangart ab, aber das sprudelnde Öl und die steigenden Ölpreise, die der Staatskasse phantastische Summen einbrachten, erzeugten eine neue Hochkonjunktur. Staatliche Bauprojekte und staatlich subventionierte Darlehen für Privatbauten überhitzten die Konjunktur in den frühen Achtzigern, was wiederum mehr Menschen nach Alaska lockte und den Bürgern, die Land besaßen, enorme Aktienvermögen einbrachte. Als jedoch die Ölpreise 1985 in den Keller fielen, drehte der Staat plötzlich den Hahn zu und löste damit die schlimmste Rezession in der Geschichte Alaskas aus. Mehr als die Hälfte der Banken ging in Konkurs – allein 17 im Jahr 1986, acht weitere 1989.[24] Ganze Wohnkomplexe leerten sich, nachdem ihre Eigentümer die Hypotheken für einen Besitz platzen ließen, dessen Wert durchschnittlich von 99 000 auf 34 000 Dollar[25] gefallen war. Hohes Gras wuchs

Japanische Bomber flogen am 3. und 4. Juni 1942 von einem Flugzeugträger aus Angriffe gegen Dutch Harbor. Diese Aufnahme entstand bei Fort Mears.

über wahrhafte Geister-Vorstadtbereiche. Ein beliebter Aufkleber verkündete: »O Gott, gib mir noch einen Öl-Boom, ich verspreche auch, daß er das nächste Mal nicht in die Hose geht.« Bis 1989, als die Ausgaben für die Reinigungsarbeiten nach den Ölverschmutzungen durch die »Exxon Valdez« die Rezession beendete, hatten 45 000 Menschen Alaska verlassen. Die Wirtschaft konnte ihnen keine Arbeitsplätze mehr bieten.[26]

Seit rund zehn Jahren erfreut sich Alaska nun einer ungewohnten Phase relativer wirtschaftlicher Stabilität, in der weder eine Hochkonjunktur noch eine Flaute herrscht. Mit dem ausgehenden Jahrhundert entwickelt sich die Gesellschaft Alaskas zunehmend wie die in den anderen US-Staaten, und der Bundesstaat ist inzwischen voll in die nationale Wirtschaftslandschaft integriert. Kaum 50 Jahre, nachdem die Bewohner Alaskas eine militärische Funkstation aufsuchen mußten, um mit anderen Gegenden zu kommunizieren, sorgen heute Glasfaserkabel für klare, billige und weitreichende Telefon- und Internet-Verbindungen zur Außenwelt. Zu den ersten Live-Übertragungen des Fernsehens in Alaska gehörte die Mondlandung von Apollo 11 im Jahre 1969. Heute empfängt man hier TV-Programme und Nachrichten zum selben Zeitpunkt wie anderswo, und Alaska beginnt, sich dem medialen Normalzustand der USA anzugleichen. Nachdem auch hier seit der Mitte der neunziger Jahre die riesigen Warenhaus-Ketten ihre Filialen eröffnet haben, unterscheiden sich die Städte Alaskas kaum noch von denen in den restlichen Bereichen der Vereinigten Staaten. Erfreulich ist jedoch, daß Alaska besser vor Umweltsünden geschützt ist als die meisten Regionen. Trotz des seit 100 Jahren, als mit dem Goldrausch erstmals Menschenmassen nach Alaska kamen, unverändert stark anhaltenden Dranges, das Land zu erschließen, gibt es hier genügend Bürger, die die verbliebene Wildnis als Wert an sich begreifen, der über das ökonomische Potential hinausgeht und geschützt werden muß.

In anderer Hinsicht bleibt Alaska dagegen das ferne Grenzland, das sich von jedem anderen Fleck der Erde unterscheidet. Trotz einer soliden Wirtschaft ist der Staat nach wie vor in weiten Teilen ohne jegliche Infrastruktur. Eine Stadt in Alaska mag so beschaffen sein, daß sie auch an jedem anderen Ort in den USA liegen könnte, aber gleich hinter der Stadtgrenze löst sich diese Illusion schnell in Luft auf. Alaskas Geschichte ist immer noch zu jung und das Land viel zu gewaltig, als daß sich irgendeine Erschließung weit über den Flughafen und die Schiffsanlegestelle hinaus hätte verbreiten können. Vielleicht ist Alaska sogar zu groß und zu urwüchsig, die Witterung zu rauh, als daß es sich jemals voll erschließen und in ein Netz aus Straßen und Einkaufszonen einfangen ließe.

Wahrzeichen Landschaft

Erhalt der unberührten Natur

Von einem der Berggipfel in der Brooks Range in Alaska aus blickt man in jeder Richtung auf zerklüftete, verwitterte Gesteinsmassen, die in endloser, chaotischer Formation mit dem Horizont verschmelzen; ein schwindelerregendes Meer unerstiegener, namenloser Gipfel. Dies ist das Zentrum des Gates-of-the-Arctic-Nationalparks, ein Gebiet von mehr als 33 990 km^2 mit weniger als 5000 Besuchern pro Jahr. Die Bergkette ist eine Fortsetzung der Rocky Mountains, ein erhabener, altehrwürdiger Ort, der nie durch Straßen, Städte oder selbst Erkundungswege eingeschnürt wurde. Und dank eines 1980 verabschiedeten Gesetzes – des »Alaska National Interest Lands Conservation Act«, bekannt als ANILCA – wird dieses Land auch niemals gestört werden. Der gesetzlich geschützte Bereich ist gewaltig und paßt zu den hiesigen Größenordnungen: Nicht nur Gates of the Arctic, sondern noch weitere rund 404 700 km^2 fallen darunter – von einer Seite Alaskas zur anderen.

Vor Hunderten von Jahren begannen die Kulturen, die Erde unter sich aufzuteilen und festzulegen, wem was gehörte. Alaska, ein mit natürlichen Ressourcen und der Erhabenheit ungezähmter Naturgewalten reich beschenktes Land, war einer der letzten Flecken der Erde, auf den kaum jemand Anspruch erhob. Die ersten Vorkämpfer, die sich im ersten Jahrhundert amerikanischen Protektorats nach Alaska aufmachten, mögen davon geträumt haben, das Land wie einst den »wilden« Westen zu besiedeln, doch auch ein Jahrhundert nach dem Ankauf sind 99 Prozent des Landes nach wie vor Wildnis.

Während einheimische Naturschutzbewegungen erst seit den siebziger Jahren aktiv sind, begannen auswärtige Gruppierungen bereits in der Zeit des Goldrausches damit, die Schönheit Alaskas zu dokumentieren. Die ersten dieser Touren hatten pragmatische Hintergründe: Regierungskartographen wollten die neue US-Errungenschaft kartographieren, von Unternehmern entsandte Vermessungsteams die Bodenschätze finden sowie Wege ausmachen, um ihrer habhaft zu werden. Aber Schriftsteller wie John Muir, die aus eigenem Antrieb und mit der großzügig finanzierten Harriman-Expedition in den Norden kamen, legten um die Jahrhundertwende den Grundstein für die nationale Anerkennung von Alaskas hinreißender Schönheit und Größe. Jack London, der Material für seinen Roman über einen Prospektor am Klondike gesammelt hatte, veröffentlichte detailgetreue und ungemein beliebte Abenteuergeschichten über den Norden.

Auch die Versuche, den Mt. McKinley zu besteigen, zog die nationale Aufmerksamkeit auf Alaska. Nach einer langen Kette von Fehlschlägen verbreitete sich 1906 die Nachricht, daß Dr. Frederick Cook den Gipfel bezwungen habe. Als diese Behauptung als Betrug denunziert wurde, schaffte eine Gruppe von Prospektoren aus Alaska den Aufstieg – nur um festzustellen, daß sie den flacheren Nordgipfel erklommen hatten. Der wahre Gipfel des Mt. McKinley wurde schließlich im Jahre 1912 bezwungen, als der bischöfliche Erzdiakon Hudson Stuck eine Vierergruppe zum Gipfel führte. Stucks Bücher über den Berg und seine missionarischen Erkundungsreisen durch Alaska trugen wesentlich dazu bei, der amerikanischen Nation das Territorium näherzubringen.

Ein weiteres wichtiges Buch entstand als Konsequenz der Reisen des Försters Robert Marshall in die Brooks Range ab 1929. Marshall, der nach Alaska gekommen war, um die Naturgeschichte dieses Gebiets zu untersuchen, war bald ebenso fasziniert von seinen Bewohnern und deren Kultur wie vom Land. Das lyrische Portrait dieser Region, das er 1933 unter dem Titel »Arctic Village« (»Das arktische Dorf«) veröffentlichte, wurde zum Klassiker und wird heute noch gelesen.[1]

Im Jahre 1937 schickte die Works Progress Administration (WPA) des New Deal eine Gruppe bildender Künstler nach Alaska, um die Schönheit des Territoriums abzubilden und publik zu machen. Auch früheren Expeditionen hatten Künstler angehört, doch deren Aufgabe hatte hauptsächlich darin bestanden, die Funde exakt zu dokumentieren. Das Alaska-Projekt der WPA dagegen ließ den Künstlern freie Hand bei der Wahl und Interpretation der Motive in Alaska. Waren auch einige Künstler verunsichert, welche Ziele das Projekt verfolgte, wurden ihre Werke doch ein Schatz, der Ort und Zeit auf emotionale, atmosphärische und reflektierende Art dokumentierte.[2]

Eine Schwierigkeit für Alaska-Forscher und -Schützer der ersten Stunde bestand im Mangel an Kartenmaterial. Erst seit den siebziger Jahren, als die ersten Satellitenaufnahmen entstanden, konnte man zunehmend exakte Gesamtkarten von Alaska veröffentlichen. Vorher verlangte die Erstellung von Karten harte, konzentrierte Arbeit. 1936 bot der Bostoner Fotograf und Bergsteiger Bradford Washburn im »National Geographic« an, für eine Summe von 1000 Dollar die gesamte Alaska Range einschließlich des Mt. McKinley mit Hilfe der neuen Technik der Luftaufnahme zu dokumentieren. Er schuf auf diese Weise wertvolles Material – Landkarten auf der Grundlage von Fotos –, das es Washburn ermöglichte, die Berge Alaskas auf eine neue Art zu besteigen. Statt das Gelände erst mühsam zu erkunden, wozu ein schwerer Packtroß und zahlreiche Helfer nötig waren, nutzte er seine Luftaufnahmen, um sich vorab Informationen über die besten und geeignetsten Routen zu verschaffen, was einen schnelleren und vor allem durch weniger Gepäck belasteten Aufstieg zu den Gipfeln möglich machte.

Im Jahre 1942 leitete Washburn, inzwischen Direktor des Boston Museum of Science, die erste seiner zahlreichen Besteigungen des Mt. McKinley, um eine neuartige Polar-Ausrüstung für das Militär zu testen – und den Gipfel auf Film festzuhalten. Fünf Jahre später unternahm er eine weitere Foto-Expedition, die von RKO Radio Pictures gesponsort wurde. Mit dem Erkunden neuer Routen und den Aufnahmen von diesem Berg aus Tausenden von Blickwinkeln wurde und bleibt Washburn der »König« der Mt.-McKinley-Besteiger und -Fotografen.[3]

Sein Lebenswerk an McKinley-Aufnahmen machten den Bergsteiger-Pionier Bradford Washburn zur unangefochtenen Leitfigur der Denali-Fotografen

Der grossartige Kompromiss

Ende der sechziger und Anfang der siebziger Jahre begannen sich die nationalen Umweltbewegungen, die sich in diesen Jahren wachsender Popularität erfreuten, auch für Alaska zu interessieren. Neue Besucher kamen in den Staat, denen nicht an einer wirtschaftlichen Nutzung der freien Natur gelegen war – Rucksacktouristen, Fotografen und Erholungssuchende. Der Sierra Club richtete ein Alaska-Büro ein und erwies sich auf lokaler Ebene als gewichtige Stimme für den Umweltschutz. Das Alaska Center for the Environment (»Zentralstelle Umwelt für Alaska«), Alaskas erste und wichtigste heimische Umweltorganisation, begann sich nacheinander mit diversen strittigen Fragen zum Thema des Landschaftsschutzes zu beschäftigen.

Die Ureinwohner Alaskas, die sich über Jahrhunderte von diesem Land ernährt hatten und zum Teil immer noch vom traditionellen Jagen und Sammeln lebten, hatten eigene Vorstellungen von Landschaftsschutz und -nutzung. Das westliche Prinzip des Landbesitzes paßte nicht zu ihrer Art zu leben, aber die Stammesführer erkannten – das traurige Schicksal der Indianer in den anderen 48 amerikanischen Bundesstaaten vor Augen, die man in Gebieten zusammengetrieben hatte, die die Weißen nicht wollten –, daß sie handeln mußten oder das Land verlieren würden, auf dem ihre Kultur basierte. Die im Südosten lebenden Tlingit hatten Neuankömmlingen nie irgendwelche Rechte an Alaska zugestanden. Seit den zwanziger Jahren waren sie öffentlich für ihre Landrechte eingetreten und beanspruchten die gesamte Region. Seitdem wurde der Kampf um die Anerkennung der Landrechte von Ureinwohnern zunehmend schärfer.

Als man dann im Januar 1968 an der Prudhoe Bay das größte Ölfeld Nordamerikas auf staatlichem Boden entdeckte, war man jedoch gezwungen, Fragen des Landbesitzes ein für alle Mal zu klären. Um das Öl aus dem Norden Alaskas auf den Markt zu bringen, mußte eine Pipeline quer durchs Land gebaut werden, die auch durch Gebiete verlaufen mußte, über deren Eigentumsrechte nie abschließend entschieden worden war. Die Befürworter einer Erschließung Alaskas, die bis dahin ironischerweise gerade die Wildheit des Landes und das Fehlen jeglicher Grenzen stets als ihr natürliches Schicksal ansahen, hatten plötzlich ein stärkeres finanzielles Interesse an der Lösung der strittigen Ansprüche.[4]

Die Gebiete, die die Ureinwohner beanspruchten, lagen über das ganze Land verteilt. Bevor die Johnson-Regierung im Dezember 1968 aus dem Amt schied, legte Innenminister Morris Udall sämtliche ausstehenden Entscheidungen über Ansprüche von Ureinwohnern auf Staatsgebiete auf Eis – und stoppte damit die zum Bau der Pipeline erforderlichen Landübertragungen. Als Wally Hickel aus Alaska, der 1966–1968 und 1990–1994 Gouverneur des Landes war, unter Präsident Nixon das Amt des Innenministers übernahm, setzte er eine ähnliche Bestimmung ein wie zuvor Udall, um das Memorandum aufzuheben, wurde jedoch von den Ureinwohnern vor dem Bundesgerichtshof gestoppt. 1969 erwirkten sie nach einem über 60 Jahre währenden Rechtsstreit ein Grundsatzurteil, das alle ihre Ansprüche bestätigte. Die Macht, die Frage abschließend zu entscheiden, lag allerdings beim Kongreß. Die Demokraten favorisierten die in jener Zeit überall entstehenden Umweltbewegungen und opponierten, deren Argumenten folgend, gegen das Pipeline-Projekt, da man unabsehbare negative Auswirkungen auf die Umwelt in Alaska befürchtete.

Bevor die Ansprüche der Ureinwohner abgegolten waren, hatte das Innenministerium keine rechtliche Möglichkeit, eine Genehmigung zum Bau der Pipeline zu erteilen. In der gesamten Geschichte des Umgangs westlicher Zivilisationen mit Eingeborenen-Völkern war dies eine einzigartige Machtposition für jene Menschen, die bis dahin stets zur Seite geschoben worden waren. Als die Gerichte Udalls Memorandum durchsetzten, war das, erinnert sich John Havelock, 1970–1973 Justizminister in Alaska, »der Startschuß für Regierung und Ölgesellschaften, sich zusammenzusetzen und zu versuchen, die Ansprüche der Ureinwohner zu befriedigen. Etwas anderes blieb ihnen nicht mehr übrig.«[5] Mit Unterstützung der Ölindustrie änderte die republikanische Regierung den Kurs. 1971 stellte sich Präsident Nixon hinter die Ansprüche der Ureinwohner und legte einen eigenen Vorschlag zur Landübertragung und finanziellen Entschädigung ihrer Ansprüche vor. Nixon traf sich mit den Führern der Ureinwohner Alaskas und bot ihnen an, jede Vereinbarung über Bodenrechte zu blockieren, die sie nicht selbst befürworteten.[6]

Diese Vereinbarung wurde zu einem großen und großartigen Kompromiß. Der Staatsregierung und Ölindustrie folgend, verabschiedete der Kongreß ein Gesetz, das freies Wegerecht zum Bau der Pipeline verlieh und somit allen Umweltklagen und politischen Vorgaben die Grundlage entzog. Der Urbevölkerung Alaskas gestand der Kongreß 178 000 km^2 Land und nahezu 1 Milliarde Dollar zu, die in neu gegründete Aktiengesellschaften flossen, deren Aktionäre ausschließlich Ureinwohner Alaskas

Als Teil seiner Bemühungen, die Naturschönheit Alaska publik zu machen, beauftragte John Muir Thomas Hill, berühmt für seine Landschaftsbilder vom Yosemite Valley, den Muir Gletscher zu malen. Diese Version aus dem Jahre 1889 befindet sich im Anchorage Museum of History and Art.

waren. Um auch den Umweltschützern entgegenzukommen, enthielt der Alaska Native Claims Settlement Act eine spezielle Verfügung, die den Innenminister anwies, die Erschließung oder den Transfer von 323 700 km^2 Land in Alaska für fünf Jahre zu untersagen und dieses Areal ernsthaft für die Einrichtung neuer Nationalparks und Naturschutzgebiete zu prüfen. Doch obwohl die Vereinbarung so sorgfältig ausgearbeitet worden war, ergab die Abstimmung ein Patt. Erst Vizepräsident Spiro Agnew gab die entscheidende Stimme zu ihrer Annahme ab.

Nachdem die Entscheidung gefallen war, wurde das Pipeline-Projekt rasch auf den Weg gebracht und wurde 1977 fertiggestellt, aber die Geschichte war noch nicht zu Ende: Die lästige Bestimmung über die 323 700 km^2 für den Umweltschutz mußte noch erfüllt werden. Die Anhänger der Erschließung Alaskas sahen darin eine Beschränkung, die es ihnen verwehrte, die Bodenschätze ungehemmt abzubauen, und widersetzten sich der Einrichtung neuer Naturschutzgebiete. Um Zeit zu gewinnen, wurde im Kongreß um Details geschachert, und der Senator von Alaska Mike Gravel betrieb eine offene Obstruktionspolitik. Tatsächlich gelang es auf diese Weise zu verhindern, daß vor Ablauf der Fünfjahresfrist neue Nationalparks eingerichtet wurden. Die Gebiete sollten bereits freigegeben werden, als es Präsident Carter gelang, die für die Erschließung kämpfenden Kräfte mit einem Gesetz auszumanövrieren, das eigentlich für den Denkmalschutz gedacht war: Er erklärte 226 600 km^2 Land in Alaska zu nationalem Kulturgut. Zum selben Zeitpunkt erließ der Innenminister eine Notfall-Verordnung, die weitere 200 000 km^2 mit einem Memorandum belegte. Dieses Memorandum war jedoch nur eine Behelfslösung, zumal im November 1980 der Republikaner Ronald Reagan zum Präsidenten gewählt wurde und die Republikaner erneut die Mehrheit im Senat erhielten und damit das Goldene Zeitalter der Umweltbewegungen zu Ende zu sein schien. Noch immer gab es keine Lösung. Wieder gelang Morris Udall, inzwischen Senator von Arizona, der entscheidende Durchbruch. Seine Gesetzesvorlage – die spätere ANILCA – passierte den Kongreß während der trägen »Restlaufzeit« der Demokraten bis zum Januar 1981 und wurde von Carter noch auf dem Weg zur Amtsübergabe unterzeichnet. Wenige Wochen später wurde der Erschließungsaktivist James Watts neuer Innenminister und Herrscher über all diese Ländereien, aber da war es schon zu spät – Amerikas umfassendstes Einzelgesetz zum Umweltschutz war nicht mehr rückgängig zu machen.

ANILCA zieht eine klare Grenze. Es legt ein für alle Mal fest, wem welches Land gehört, und beendet so ein Jahrhundert der ungebremsten Erschließung und Ausbeutung. Während man sich im Verlauf der Geschichte Alaskas seit dem Goldrausch von 1898 darauf konzentriert hatte, die Wildnis für den Menschen nutzbar zu machen, war im übrigen Land eine Umweltbewegung entstanden, die Wert darauf legte, die Wildnis intakt zu halten. John Muirs Schriften über seine Reisen nach Alaska von 1879 bis 1899 trugen mit zur Gründung einer nationalen Umweltbewegung bei. Obgleich seine Vorstellungen zu seinen Lebzeiten in Alaska wenig Eindruck machten, lenkte er doch die Aufmerksamkeit darauf, wie menschliche Eingriffe zur Urbarmachung Amerikas natürliche Landschaften unwiderbringlich veränderten. Der 1892 von Muir gegründete Sierra-Club[7] gewann entscheidende Schlachten zum Schutz von Landstrichen im Westen, einschließlich des Grand Canyon, bevor er sich Ende der sechziger und in den siebziger Jahren auf Alaska konzentrierte. Die Umweltbewegung sah gerade in Alaska eine der letzten Möglichkeiten, die früheren Fehler der Nation wiedergutzumachen. Mit einem einzigen Verwaltungs-akt, eben mit ANILCA, wurde mehr Land für den Umweltschutz gewonnen als je zuvor in der Geschichte der Umweltbewegungen der USA.

Vielen Einwohnern Alaskas und praktisch allen führenden Persönlichkeiten erschienen die Umweltverbände, die die Einrichtung neuer Nationalparks in Alaska forderten, jedoch als äußerer Feind. Die von Ausbeutung der Natur geprägte Geschichte Alaskas lehrte sie, daß der Wert der Wildnis in ihrem wirtschaftlichen Potential zu suchen sei. Als die Umweltbewegung in den Siebzigern ihren Höhepunkt erreichte, prallten die unterschiedlichen Vorstellungen vom Wert der Unermeßlichkeit Alaskas heftig aufeinander. Zahlreiche Bürger sahen darin eine Beschränkung, ja ein gebrochenes Versprechen. John Cook, der derzeitige Regional Manager der Nationalpark-Verwaltung, erinnert sich, daß Regierungsflugzeuge sabotiert wurden, als Präsident Carter die ersten Naturschutzgebiete ausgewiesen hatte. »Die Stadt Eagle gab in diesem Frühjahr die Losung aus, daß Mitarbeiter der Parkverwaltung nicht willkommen seien und daß der erste, der dort auftauchte, besser auf seinen Rücken achten sollte«, sagt er.[8] »Mein Stellvertreter und ich flogen augenblicklich ab. Es gab Schilder an den Geschäften mit der Aufschrift: ›Mitarbeiter der Parkverwaltung nicht willkommen‹ oder mit ähnlichem Wortlaut, und ein Schneegrab, aus dem Stiefel herausschauten, trug die Aufschrift: ›Die Parkverwaltung ruhe in Frieden.‹« Für viele brach mit ANILCA eine Welt zusammen, und mit Sicherheit war es das Ende einer Ära. Für die Umweltschützer war es der größte Erfolg der nationalen Umweltbewegung aus den Siebzigern, das abschließende Kapitel eines Jahrzehnts der Siege und Veränderungen. Und gleich, aus welcher Perspektive man es betrachtet: ANILCA war das Produkt einer außergewöhnlichen, unwahrscheinlichen, zehn Jahre währenden Erfolgsgeschichte eines verwegenen politischen Handelns.

»Fraglos war und ist ANILCA das bedeutendste nur zum Landschaftsschutz erlassene Gesetz, das jemals in den USA – und vermutlich auf der ganzen Welt – in Kraft getreten ist«, urteilt Deborah Williams, 1980 Rechtsreferendarin im Innenministerium und heute persönliche Referentin des Ministers.[9] »Über Nacht entstanden mehr als 405 000 km^2 Parks, Schutzzonen und Wälder. Nur zum Vergleich: Der Staat Kalifornien hat eine Fläche von 405 000 km^2.« Als ranghöchste politische Amtsträgerin des Innenministeriums setzt sie heute das Gesetz durch, als wäre es ehernes Recht. In gewisser Weise ist es das auch, denn es ist der endgültige Rechtsstatus für ein Drittel des Staatsgebietes von Alaska.

Da Deborah Williams die Entwicklung in den Einstellungen einiger Bürger Alaskas zu ANILCA und dem Landschaftsschutz sehr wohl erkennt, erzählt sie gern die Geschichte des Stadtrates von Seward. Während der Landkämpfe verabschiedete der Rat eine Resulotion, in der er die Pläne für den neuen Kenai Fjords Nationalpark verurteilte, der die zerklüfteten, gletscherbedeckten Buchten auf der Südseite der Halbinsel Kenai einschließen sollte. Mitte der achtziger Jahre, sagt sie, habe der Rat diese Resolution widerrufen und Mitte der Neunziger eine andere verabschiedet, in der er die Erweiterung des Parks forderte, um weitere Landstriche vor der Erschließung zu bewahren. »Diese Wandlung, scheint mir, ist bei der Mehrheit der Gemeinden in Alaska zu erkennen, denn die Menschen erkennen inzwischen die Vorteile, die es hat – sowohl in wirtschaftlicher Hinsicht als auch für die Lebensqualität –, wenn ein Nationalpark oder ein Landsschaftsschutzgebiet vor der Haustür liegt«, meint Williams.

In der Tat lebt Seward heute von der Tourismusindustrie, die der Stadt wesentlich mehr Geld einbringt, als der Abbau von Bodenschätzen den unbewohnten, unwegsamen, von Steilklippen gesäumten Ufern der Fjorde je hätte erbringen können. Täglich steuert eine ganze Flotte von Ausflugsbooten durch die Resurrection Bay, und jedes einzelne befördert Dutzende oder gar Hunderte von Tagesausflüglern, die die ins Meer kalbenden Gletscher sehen wollen, die Seeotter, Seelöwen, Buckelwale und exotischen Seevögel, die die Fjorde und Inseln des Parks bevölkern. Jeder Tourist zahlt etwa 100 Dollar für die Fahrt, nicht eingerechnet Hotelzimmer, Verpflegung und Fahrten ins Stadtzentrum.

Die Parks

Die neuen Parks wurden zum Anziehungspunkt für naturbegeisterte Touristen aus den gesamten Vereinigten Staaten. Vor 1980 besaß Alaska lediglich den Denali-Nationalpark, der den Mt. McKinley und etwas Land um ihn herum schützte. ANILCA verdoppelte die Größe dieses Parks und richtete neun weitere Parks und Schutzgebiete ein. Es schützte erstmals 26 Wildwasser- und landschaftlich schöne Flußläufe, wies neun Wildreservate neu aus und erweiterte sechs bestehende. Ganze Landesteile innerhalb des Tongass National Forest wurden zum nationalen Kulturerbe und hunderttausende Quadratkilometer erstmalig zum National Forest (Staatswald) erhoben. Heute liegen 69 Prozent der Fläche aller Nationalparks der USA in Alaska und 85 Prozent der nationalen Wildreservate. Hier gibt es 5044 km geschützte Wasserläufe von naturbelassenen, landschaftlich schönen Flüssen. Insgesamt stellte die Bundesregierung in Alaska 615 144 km^2 in über 30 Reservaten unter Schutz, ein Gebiet, das ungefähr der Größe des Staates Texas entspricht. Weniger als 4050 km^2 des Staatsgebietes – etwa 0,3 Prozent – befinden sich in Privatbesitz.[10]

Der 52 632 km^2 umfassende Wrangell-St. Elias-Nationalpark an der Grenze zu Kanada ist der größte Park der USA. Er umfaßt eine Bergmassiv-Region jungfräulicher Gipfel und ist mehr als sechsmal so groß wie der Yellowstone-Park. Neun der 16 höchsten Gipfel erheben sich hier, am Schnittpunkt von vier Bergketten, die sich mit einem Höhenzugewinn aus dem Meer erheben, der die des Himalaya noch übersteigt. Ein paar tausend Besucher unternehmen eine ungemütliche Ganztagesfahrt auf einer ein-

Dorfälteste vom Stamm der Athabasca aus dem Tanana-Flußgebiet bei Fairbanks bei einem Treffen mit einem dem Kongreß angehörenden Stammesführer im Jahre 1915. Die Frage der Landrechte der Ureinwohner, die sie dabei diskutierten, sollte erst 56 Jahre später geklärt werden.

samen Bahnlinie, um die verlassenen Kennicott-Kupferminen des Parks zu besichtigen und auf dem Gletscher herumzulaufen, aber der Park ist zu groß und zu zerklüftet, als daß, außer ein paar Unerschrockenen, jemand weit über diese eine Strecke hinaus vordringen wollte. Es sind in der Tat so wenige, die das Hinterland erkundet haben, daß einer der Bergführer seit Jahren ein Geschäft daraus macht, Gruppen auf Gipfel zu führen, die noch nie jemand bezwungen hat – und bis jetzt ist nicht absehbar, daß ihm die Gipfel ausgehen könnten.

Alaskas berühmtester Park, der Denali Nationalpark, zieht jährlich etwa eine halbe Million Besucher an. Zu einem Teil, weil der Eingang zum Park bis 1972 keinen Anschluß an das Highway-Netz besaß, konnte die Parkverwaltung hier die Fehler vermeiden, die so viele andere Parks in Parkplätze verwandelt haben. Um den Park ordnungsgemäß zu betreten, müssen die Besucher ihr Auto am Eingang stehen lassen und mit Bussen, in denen man sich um die wenigen Sitzplätze streitet, über lange, staubige Straßen einer festgelegten Streckenführung folgen. Sind sie aber erst einmal auf dieser Route, erleben sie eine unglaubliche Wildsafari, auf der sie Bären, Karibus, Elche und Wölfe in freier Wildbahn beobachten können, ungestört vom Verkehr allzuvieler Touristenfahrzeuge.

Der Katmai Nationalpark schützt das Gebiet um den Vulkan Novarupta, wo es im Jahre 1912 zu der weltweit gewaltigsten Explosion der letzten 3000 Jahre kam. Auch noch im mehr als 700 km entfernten Juneau deutlich vernehmbar, löschte die Explosion alles Leben in mehr als 10 Kilometern Umkreis aus; glücklicherweise war das Gebiet so abgelegen, daß nicht eine einzige Person zu Schaden kam. Ein Nationaldenkmal schirmt den Vulkankrater ab, das Valley of Ten Thousand Smokes (»Tal der zehntausend Rauchsäulen«), die noch jahrzehntelang nach der Eruption aufstiegen, doch derzeit ist er ruhig. Übrig bleibt nur ein Ödland aus einer 215 m dicken vulkanischen Schuttschicht, doch die größere Attraktion dieses Parks sind die zahlreichen Braunbären, die zwischen Juli und September an die Flüsse kommen, um Lachse zu fangen, wenn diese auf ihrem Weg flußaufwärts zurück zu den Laichplätzen über einen Wasserfall springen. Besucher können die Tiere von hölzernen Plattformen am Pförtnerhaus aus beobachten.

Der Glacier Bay Nationalpark im Südosten von Alaska stellt eine Bucht unter Schutz, die John Muir im Jahre 1879 entdeckte, als er in einem Kanu die Inside Passage entlangpaddelte. Als ein Jahrhundert zuvor Forscher dort vorbeigekommen waren, hatten sie nur eine massive Eisplatte anstelle des fast 100 km langen Fjords vorgefunden. Heute verkehren darauf im Sommer Ausflugsschiffe, deren Passagiere darauf hoffen, daß sie Wale zu Gesicht bekommen und daß riesige Eisberge von den tiefblauen Gletschern ins Wasser stürzen. Das Eis schmolz so schnell, daß neues Land entstanden ist, das langsam vom Leben zurückerobert wird und, vom Druck der Eismassen befreit, sich pro Jahr um etwa 4 cm hebt. 1925 stellte Präsident Calvin Coolidge bereits einen Teil der Bucht als nationales Naturdenkmal unter Schutz, aber mit ANILCA wurde die gesamte Bucht zum Park. Glacier Bay wird jährlich von 500 000 Menschen besucht, und 1996 wurde es von den Lesern eines bekannten amerikanischen Verbrauchermagazins zum beliebtesten Park erkoren.

In die übrigen Nationalparks und Naturschutzreservate gelangen nur wenige Menschen, doch jeder ist auf seine Art großartig. Das Gates of the Arctic National Park and Preserve (Nationalpark- und Naturschutzgebiet) umfaßt die alten, felsigen Gipfel der inneren Brooks Range. Zugänglich nur mit Hilfe von Kleinflugzeugen oder zu Fuß von einer Schotterstraße aus, die während des Pipeline-Baus angelegt wurde, wagen sich nur erfahrene Freiluft-Abenteurer und Ureinwohner, die in der Gegend leben, in die abweisenden Steilwände und baumlosen Täler. Das Lake Clark National Park and Preserve westlich des Cook Inlet ist ein Paradies für Angler, die sich ein Sportflugzeug zu den entlegenen Hütten und kaum genutzten Flüssen chartern. Im Kobuk Valley Nationalpark, der den wildromantischen Kobuk River im arktischen Nordwestalaska unter Schutz stellt, finden sich mysteriöse schwarze Sanddünen, dazu Ströme, die Wildwasser-Rafter zu einsamen Schlauchboot-Trips locken. Das Noatak National Preserve, das sich im Norden daran anschließt, schützt den langsam fließenden Fluß Noatak und seine Canyons sowie den Fisch- und Wildbestand, von dem sich die hier ansässigen Inupiat ernähren. (Die Naturschutzgebiete unterscheiden sich von den Nationalparks insofern, als hier bisweilen die Hobbyjagd erlaubt ist. Die Jagd ausschließlich für den Eigenbedarf ist in manchen Parks ebenfalls zulässig.) Ebenfalls in Nordwestalaska bewahrt das Bering Land Bridge National Preserve – angeblich das am wenigsten besuchte staatliche Schutzgebiet der USA – einen Landstreifen im Norden der Seward-Halbinsel, der während der letzten Eiszeit Asien und Amerika verband. Und im Osten stellt das Yukon Charley Rivers National Preserve die Flußabschnitte unter Schutz, an denen die historischen Goldgräberstädte angesiedelt waren.

Alaska besitzt aber auch viele staatliche Naturdenkmäler und Wildreservate, die nicht in Nationalparks liegen, unter anderem Misty Fjords National Monument, ein Wildschutzgebiet innerhalb des Tongass National Forest (Staatswald) an der äußersten Südspitze des Staates. Misty Fjords umfaßt einige außergewöhnliche Granitfjorde, deren nackte Felswände – manche so hoch wie die im kalifornischen Yosemite Valley – schroff aus dem Meer aufragen. Zugänglich nur mit Booten oder Wasserflugzeugen und im wesentlichen ohne Wanderwege, ist das Gebiet eine einsame Wunderwelt für Kajakfahrer, deren Boote allerdings seetüchtig sein müssen, und für Angler. Das im Tongass bei Juneau gelegene Admiralty Island Monument (Naturdenkmal) stellt ein Regenwald-Habitat unter Schutz, dessen Bezeichnung in der Tlingit-Sprache, Kootznoowoo (*Ku:tznuwu:*), soviel bedeutet wie »Bärenfestung«. Hier lebt eine Unterart von Braunbären, die größer werden als sonst irgendwo auf der Welt. Besucher reisen in kleinen Gruppen an und können die Bären von Plattformen am Pack Creek aus beobachten oder erkunden Küstenlinie und Seen in Kanus und Kajaks. Noch weniger Menschen gelangen in die unermeßlichen Wildreservate Alaskas, sicher auch, da sie in erster Linie als Lebensraum für Tiere dienen sollen, nicht als Ort der Erholung für die Menschen. Zu den vom US Fish and Wildlife Service verwalteten Wildreservaten gehören das Alaska Maritime National Wildlife Refuge, das Dutzende Brutkolonien der Inselvögel abschirmt, das Kodiak National Wildlife Refuge, Heimat des riesigen Kodiak-Braunbären, und das Yukon Flats National Wildlife Refuge, ein 76 900 km² großes Feuchtgebiet, das wandernden Wasservögeln als Zuflucht dient. Insgesamt beträgt die geschützte Fläche 303 525 km² in 16 Wildreservaten, von denen die wenigsten Menschen bisher gehört und die noch weniger je gesehen haben. In der Tat sind einige buchstäblich noch nie betreten worden, doch sind sie alle auf ewig geschützt und werden entweder irgendwann entdeckt oder bleiben unberührt, eine letzte Sicherheit, wenn uns das Gefühl beschleicht, die Zivilisation habe die gesamte Welt vereinnahmt.

Der fortdauernde Kampf

Eines der Gebiete dagegen, von denen viele Menschen schon gehört haben, ist das Arctic National Wildlife Refuge, ein Gebiet von 78 100 km², etwa der Größe von South Carolina, in der nordöstlichsten Ecke von Alaska. Das Landschaftsschutzgebiet, ausgegliedert, um die Kinderstuben der mehr als 100 000 Tiere zählenden Karibu-Herden zu schützen, ist ein Schlüsselbereich für Alaskas nächste bedeutende Ölvorkommen. Der nördliche Teil des Refugiums reicht bis ans Nordpolarmeer östlich der Prudhoe-Bay-Felder heran und weist vermutlich dieselben geologischen Gegebenheiten auf. Im Süden umfaßt das Reservat einen Teil der Brooks Range und stößt hier an Landstriche, die zum Arctic Village gehören, einer Athabasca-Gemeinschaft, deren Nahrungsgrundlage – und damit auch die Grundlage für den Fortbestand ihrer Kultur – immer noch die jährlich hier vorbeiwandernden Karibuherden sind. Seit über einem Jahrzehnt bedrängen die Ölindustrie und Bewohner Alaskas, die für eine weitere Erschließung ihres Staates eintreten, den Kongreß, das Reservat für Öl-Suchbohrungen freizugeben. Athabascas und Umweltschützer halten dagegen, das Gelände, auf dem die Karibus kalben, sei zu sensibel, um eine industrielle Erschließung zuzulassen, und wollen dem Reservat den Status eines Wildschutzreservates verleihen, eine Einstufung, die jede maschinelle Aktivität unterbinden würde. (Jede Art von Schutzgebiet kann vom Kongreß in ein Wildschutzreservat umgewandelt werden – Parks, Natur- und Landschaftsschutzgebiete, Staatswälder oder Naturdenkmäler –, was ihnen dann die höchste Stufe der Schutzwürdigkeit zubilligt und selbst solche »Maschinen« wie Fahrräder untersagt.) Bislang tat der Kongreß weder das eine noch das andere.

Ironie des Schicksals – das Bestreben, das Naturschutzgebiet zu erschließen, hat es bei Freiluft-Enthusiasten nur noch populärer gemacht. Öko-Reiseveranstalter organisieren Schlauchbootfahrten von den Bergen auf den herrlichen und völlig abgelegenen Flüssen des Gebiets, dem Sheenjek, Kongacut, Canning und Hulahula. Ihre Beliebtheit verdanken diese Trips zum Teil der Erschließungs-Debatte: Die Reisenden haben es eilig, diese unverfälschte Landschaft zu sehen, bevor sie zerstört wird. Viele von Alaskas größten Ökotourismus-Unternehmen wurden während der früheren Entwicklungsdebatten von Umweltschützern gegründet, deren spezielles Ziel es war, die Menschen in traumhaft schöne, abgeschiedene Gegenden zu bringen und so Mitstreiter zu gewinnen. Für einige Veranstalter steckt also mehr dahinter, als nur Geld zu verdienen.

Der Kampf geht weiter, doch die größten Streitfragen sind heute entschieden. Inzwischen wissen wir, wem Alaska gehört: uns allen.

Unten: Der in England geborene Sydney Laurence wurde nach seiner Ankunft im Jahre 1904 Alaskas prominentester Maler, der sich mit den typischen Besonderheiten seiner Landschaft in Hunderten von Bildern identifizierte. Hier die Ansicht des Mt. McKinley an einem Sommerabend, undatiert, aus der Sammlung des verstorbenen Hal Roach. Foto von Ed Ikuta.

Und dennoch – dies ist kein Spaziergang durch den Schloßpark, den Sie da vorhaben. Es ist riesig. 11 400 km^2. Es gibt haushohe Wellen, Lawinen, donnernde Gletscher, reißende Ströme, heftige Winde, gewaltige Regenfälle und Erdbeben. Es ist ein Land, das immer noch aus der Zwischeneiszeit auftaucht. Neuentstandenes Land, wo man tatsächlich auch kleine, zarte Dinge sehen kann, wo meist jedoch eine düstere, verwegene, strenge und dumpf brütende Stimmung herrscht. Es ist ein rauhes Land, das Fehler in der Beurteilung kaum verzeiht. Doch wie das so ist – rauhes Land kann nach einer gewissen Zeit in vielerlei Hinsicht auch großen Gewinn abwerfen.

Dave Bohn, »The Land and The Silence« (»Das Land und die Stille«), 1967

Herbert Glacier (Gletscher), Tongass National Forest. Jede Aufnahme von den 13 Wildschutzreservaten im Tongass National Forest wurde vermutlich aus einem Schiff oder Flugzeug gemacht, denn der überwiegende Teil dieses Küsten-Regenwalds ist auf dem Landweg nicht zugänglich.

Luftansicht vom Kootznoowoo Inlet, Admiralty Island Naturdenkmal, Tongass National Forest. Das Kootznoowoo Wildschutzreservat heißt so wegen seiner außergewöhnlichen Bären-Population – Kootznoowoo bedeutet auf Tlingit »Bärenfestung«.

Fichten-Regenwald, Barlett Cove, Glacier Bay Nationalpark. Die heftigen Regenfälle und das gemäßigte Klima im Südosten Alaskas bieten ideale Wachstumsbedingungen für die mächtigen Baumriesen. Innerhalb der Grenzen des Glacier Bay Nationalparks ist die Sitka-Fichte geschützt, doch die Exemplare, die anderswo im Tongass National Forest wachsen, bilden die kommerzielle Grundlage der Holzindustrie.

Wasserfall am Cross Bay Creek, Tongass National Forest bei Juneau

Kadashan Creek Pool, Chichagof Island, Tongass National Forest. Chichagof Island war John Muirs erster Anlaufpunkt auf seiner Entdeckungsreise zur Glacier Bay im Jahre 1879. Die Tlingit-Bewohner von Chichagof hatten große Ehrfurcht vor der nahegelegenen Bucht und den ihnen wohlbekannten Gletschern.

Lamplugh Gletscher, John Hopkins Inlet, Glacier Bay Nationalpark. Glacier Bay in der heutigen Formation existiert erst seit 200 Jahren. Ihre Geographie, Flora und Fauna entstand irgendwann nach 1794 durch den Rückzug eines riesigen eiszeitlichen Gletschers. Die Geschwindigkeit, in der sich die Gletscher bewegen, ist so groß, daß man in einer einzigen Lebensspanne dramatische Untergänge oder Freilegungen von Land beobachten kann.

Bei Tagesanbruch waren wir in der Glacier Bay auf dem Weg zum Muir Gletscher. Unser Kurs verlief armbreit über dem Meer, das mit schwimmenden Eismassen gesprenkelt war, bis wir in der Ferne den erhabenen Gletscher selbst erblickten. Von hier aus, in gut 30 km Entfernung, sah seine Vorderseite grau und düster aus, doch von den Bergen im Hintergrund, die ihn speisten, stoben riesige Schneewolken in die Nachmittagssonne.
John Burroughs, »Alaska. The Harriman Expedition« (»Alaska. Die Harriman-Expedition«), 1899/1986

Weißkopf-Seeadler auf einem Eisberg im Tracy Arm, Tongass National Forest

Kajakfahrer auf der Seeseite des McBride Gletschers, Glacier Bay Nationalpark

Rechte Seite: Luftansicht vom Margerie-Gletscher, Tarr Inlet, Glacier Bay Nationalpark. Gletscher sind Wasserläufe in zumeist festem statt flüssigem Zustand und bestehen aus Schneemassen, die sich so stark verdichten, daß sie zu Eis werden. Erreicht das Eis das Meer oder wärmere Gefilde, brechen (»kalben«) oder schmelzen Gletscherteile an der Vorderkante im selben Verhältnis ab, wie oben Schnee nachfällt. Fällt zuviel Schnee, bewegt sich der Gletscher vor, fällt zu wenig, zieht er sich zurück.

Was ist das für ein Grollen und Krachen, das an unsere Ohren dringt, noch ehe der Anker auf Grund geht? Es ist das Abgleiten riesiger Eismassen von der Gletscherfront, die für einen Augenblick so bewegt ist wie die Niagarafälle. Mehr und mehr Eiswände stürzen im Abstand von wenigen Minuten mit dumpfen, explosionsartigen Geräuschen und unter riesigen aufsteigenden Gischtwolken ins Meer; uns wird schlagartig klar, daß wir es in der Tat mit einer besonderen Art von Niagarafall zu tun haben, einer Form von Katarakt, die wir nie zuvor gesehen haben, einem mächtigen, erstarrten Fluß, dessen Wasser in Intervallen in die Bucht münden – als Eislawinen, die ihre eigene Steilfront absprengen. Die Eismassen unter der Wasseroberfläche sind erheblich größer als die darüber, und wenn der obere Teil abfällt, werden enorme Berge freigesetzt und steigen von unten hoch. Sie steigen langsam und majestätisch wie riesige Monster aus der Tiefe, die sich zu einer Höhe von 15 bis 30 m erheben, während sich das Wasser als weiße Lache über sie ergießt. Dann sacken sie wieder ab und treiben mit einer riesigen Bugwelle davon. Nichts von alledem, was wir gehört oder gelesen haben, hatte uns auf die Farbe des Eises vorbereitet, besonders auf die der frischen Bruchstellen und der Eisberge, die sich von unten aus dem Wasser hoben – es ist ein tiefes Blau, fast Indigo. Riesige Eisberge trieben umher und sahen aus wie Mengen von blauem Vitriol.
John Burroughs, »Alaska. The Harriman Expedition« (»Alaska. Die Harriman-Expedition«), 1899/1986

Oben: Das Kalben eines Eisbergs von der Gletscherzunge des Margerie-Gletschers. Das ohrenbetäubende Dröhnen von Eisplatten, die ins Wasser stürzen, ist der Menschheit seit Jahrtausenden vertraut. Die Tlingit nannten es »Weißer Donner«.

Wasserfall im Inneren einer Eishöhle im Glacier Bay Nationalpark

Rechte Seite: Ein Mensch untersucht eine Eishöhle unter dem Muir Remnant Gletscher.

Oft empfand ich den Wald als lebende Kathedrale, doch das könnte sein wahres Wesen herabsetzen. Als ich als Anthropologe unter den Koyukon-Athabaska-Indianern von Zentralalaska arbeitete, traf ich hier auf ein völlig anderes Verständnis der spirituellen Dimensionen dieser Welt. Wenn ich die Lehren der Koyukon verstanden habe, ist der Wald nicht einfach ein Ausdruck oder eine Verkörperung von Heiligkeit, nicht einfach ein Ort, die Heiligen zu beschwören – der Wald selbst ist das Heiligtum. Die Natur wird nicht nur von Gott geschaffen, die Natur ist Gott. Jeder der sich innerhalb des Waldes bewegt, kann unmittelbar an dieser Heiligkeit teilhaben, das Heilige mit dem ganzen Körper erfahren, es atmen und in sich aufnehmen, das heilige Wasser als lebendige Kommunion trinken, seine Füße in Heiligkeit eingraben, einen lebendigen Zweig berühren und seine Heiligkeit fühlen, die Augen öffnen und die brennende Schönheit der Heiligkeit bezeugen. Und wenn er einen Baum dieses Waldes fällt, nimmt er teil an einem heiligen Austausch, der verschiedene Leben vereint.
Richard Nelson, »The Forest of Eyes« (»Wald von Augen«), 1989

Regenwald, Russell Fjord

Es heißt, Bäume seien unvollständige Menschen, die zu beklagen scheinen, daß ihre Wurzeln sie im Boden gefangen halten. Aber mir kamen sie nie so vor. Nie sah ich einen unzufriedenen Baum. Sie greifen in den Boden, als ob sie ihn mögen, und obwohl fest verwurzelt, kommen sie ebenso weit herum wie wir. Sie machen sich mit jedem Wind auf in alle Richtungen, sie kommen und gehen wie wir selbst, reisen mit uns um die Sonne, 3 Millionen Kilometer am Tag durch Raum und Zeit; der Himmel weiß, wie schnell und weit!
John Muir, »John of the Mountains: The Unpublished Journal« (»John von den Bergen: Das unveröffentlichte Tagebuch«), 1979

Umseitig: Vier der den Gezeiten unterworfenen Gletscher, die die Stadt Juneau umgeben, auf einem Panoramabild von 1984, aufgenommen von der Südseite des Taku River.

Ich bin das Land, das zuhört,
ich bin das Land, das brütet,
versunken in ewiger Schönheit,
kristallklaren Wassern und Wald.
Robert Service, »The Complete Poems of Robert Service«
(»Gesammelte Gedichte«), 1945

Die Bergketten der Wrangell, St. Elias, Chugagh und Alaska Ranges laufen im Wrangell-St. Elias-Nationalpark zusammen, dem mit 52 632 km^2 größten Nationalpark der Vereinigten Staaten. Einige dieser Berge, die durch vulkanische Aktivitäten sowie durch tektonische Verschiebungen entstanden und von den Gletschern »den letzten Schliff« bekamen, erheben sich fast senkrecht und weisen einen größeren Höhenzuwachs auf als der Himalaya.

Herbstliche Seenlandschaft vor Mt. Sanford, Wrangell-St. Elias-Nationalpark

Bergkette mit Mount St. Elias, Wrangell-St. Elias-Nationalpark

Jeffries-Gletscher und St. Elias Mountains, Wrangell-St. Elias-Nationalpark

Wrangell Mountains bei Sonnenuntergang. Im Vordergrund der Midway Lake, Tetlin Naturschutzgebiet

Mt. St. Elias – der mit 5489 m zweithöchste Berg Alaskas

Fußspuren im jungfräulichen Schnee verraten den Wanderer auf einem Felsvorsprung mit Blick über die St. Elias Mountains. In der oberen St. Elias Range können im Winter bis zu 15 m Schnee fallen. Der verdichtete Schnee speist die 75 benannten und noch mehr namenlosen Gletscher des Nationalparks.

Schmelzwassersee auf der Oberfläche des Malaspina-Gletschers, Chaix Hills, Wrangell-St. Elias-Nationalpark. Der Malaspina-Gletscher, mit 10 197 km^2 der größte Gletscher Nordamerikas, ist in einem Gebirgstal entstanden und hat sich auf die angrenzende Ebene ausgebreitet.

In der Tundra, einem Hügelland oberhalb der Baumgrenze und unterhalb der Lagen des ewigen Schnees, wachsen zwar keine Bäume, sie ist aber reich an Gräsern, Sträuchern, Moosen, Flechten und Kräutern.

Aus der Luft gut zu erkennen: Gletscherwasser vom Malaspina-Gletscher mischt sich mit Meerwasser.

Die Yukatat Bay am Nordende des Tongass National Forest wird von den riesigen Hubbard- und Malaspina-Gletschern gespeist. Letzterer wurde nach dem italienischen Forscher und Entdecker Alessandro Malaspina benannt, der 1791 als erster Europäer die Yukatat Bay erkundete.

Copper River, Wrangell Mountains, Wrangell-St. Elias-Nationalpark. Der Copper River fließt an den Berg-ketten des Nationalparks entlang und transportiert das graue, schlammhaltige Schmelzwasser seiner Gletscher bis nach Cordova und in den Golf von Alaska. Am Copper River, der immer noch reiche Lachs-Fischgründe für Sportangler und Selbstversorger bietet, verlief früher die Eisenbahnstrecke, die die Kupfermine bei Kennicott mit dem 320 km ent-fernten Ozean verband.

Es gibt kein einzelnes Wort für »Schnee« in der Eskimo-Sprache, denn in der Arktis gibt es so etwas wie einfach nur »Schnee« nicht. Statt dessen gibt es Begriffe für »körnigen Altschnee«, »körnigen Uraltschnee direkt am Erdboden«, »Schnee, den man zur Wassergewinnung einsammelt«, »gleichmäßig verteilten Schnee», »Schnee im Gestöber«, »salzartigen Schnee«, »frisch verwehten Schnee«, »Schnee, der sich am Fuße eines Berges aufgetürmt hat«, »Schnee, vermischt mit Wasser«, »Schnee auf der Kleidung», »es schneit« und so weiter. In all diesen Begriffen scheint es kein Stammwort für »Schnee« zu geben.
Billie Wright, »Four Seasons North« (»Vier Jahreszeiten im Norden«), 1973

Der Matanuska-Gletscher in den Chugach Mountains speist den mächtigen Matanuska-Strom. Starke, flußabwärts blasende Winde wehen Löß oder Gletschersedimente von den Flußbänken, die sich schließlich im Matanuska-Tal ablagern und fruchtbaren Ackerboden bilden.

Rechte Seite: Eine Elchkuh überquert mit ihrem Kalb den Glenn Highway durch die Chugach Mountains.

Thorofare-Gebiet, Alaska Range

An einem Flachsee unweit des Wonder Lake stellt die herbstliche Tundra ihre Farbenpracht zur Schau.

Zwei Dinge führen das Auge in … Alaska … ständig an der Nase herum und in die Irre: Größe und Enfernung … Das Auge denkt, es wären etwa 5 km bis zu einem bestimmten Punkt, und dann stellt sich heraus, es sind zehn; oder die Gletscherfront da drüben sei 30 m hoch, und tatsächlich sind es 60 oder noch mehr … Vielleicht hat die herrlich klare Luft etwas mit diesen Illusionen zu tun. Die Formen sind so scharf umrissen, daß auch weit entfernte Dinge zum Greifen nahe scheinen.

John Burroughs, »Alaska. The Harriman Expedition« (»Alaska. Die Harriman-Expedition«), 1899/1986

Der Mt. McKinley oder Denali, was in der Sprache der Athabaska-Indianer »Der Große« bedeutet, ist der höchste Berg Nordamerikas und erhebt sich mit 6194 m turmhoch über seine Nachbarn in der Alaska Range. Um auf seinen Gipfel zu gelangen, muß man sich auf eine sechswöchige Kletterpartie einlassen, selbst für erfahrene Bergsteiger, die in der Regel von Talkeetna aus anfliegen, um ihren Aufstieg am Kahiltna-Gletscher zu beginnen, eine Herausforderung. Der Berg wurde erstmals im Jahre 1913 von Hudson Stuck bestiegen und lockt jährlich etwa 1000 Kletterer an, von denen jedes Jahr mehrere am Wetter oder an Entkräftung oder an beidem zugrunde gehen.

Die spektakuläre Farbintensität der Morgenröte beim sommerlichen Sonnenaufgang macht es lohnend, morgens schon um 4.30 Uhr aufzustehen.

Etwa eine Stunde nach Sonnenuntergang tauchen die Reflexionen des noch immer hellen Himmels den Berg in zartes Rosa und erzeugen einen Effekt, der als Alpenglühen bezeichnet wird.

Anfang September geht die Sonne um 9 Uhr abends unter. Während der Monate, in denen die Tage in der Arktis am längsten sind, wird der Himmel nie völlig dunkel.

In dieser Nachtansicht, aufgenommen morgens um 1.30 Uhr, ist das Mondlicht stark genug, um einen leuchtend blauen Hintergrund für die weißen Bergmassive zu erzeugen.

Die große weiße Masse des Berges taucht die Nacht weithin in Weiß, in deren Himmel er dräuend hineinragt.
John Muir, »John of the Mountains: The Unpublished Journal« (»John von den Bergen: Das unveröffentlichte Tagebuch«), 1979

Lappland-Alpenrosen blühen in der Tundra der Alaska Ranges, Denali Nationalpark.

Fotograf Roy Corral machte dieses Bild von seiner zehnjährigen Tochter Hannah beim Fliegenfischen am Wonder Lake, Denali Nationalpark.

Regenbogen über einer Gruppe Dall-schaf-Böcke, die auf der Tundra im Denali Nationalpark grasen.

Alles schien so gut, so geordnet, so passend in diesem entlegenen Terrain, daß es nicht einmal falsch schien, als wir entdeckten, daß die Schafe unsere Anwesenheit irgendwie gespürt hatten und schon fast einen halben Kilometer weit weg waren … als wir dort ankamen, wo wir sie erwartet hatten.
Robert Marshall, »Alaska Wilderness: Exploring the Central Brooks Range« (»Wildnis Alaska: Auf Forschungsreise in der Central Brooks Range«), 1970

Dallschaf am Rand des Seward Highway, Chugach State Park

Dallschafe sind die einzige wildlebende Art von Weißschafen auf der Welt. Das Alter dieser Böcke läßt sich bestimmen, indem man die Ringe auf ihren Hörnern zählt, die sie ihr Leben lang behalten.

Ein Rotfuchs erwacht von einem Nickerchen, Walrus Islands State Game Sanctuary.

Alaska-Moschusochsen, die in freier Wildbahn ein wichtiges Beutetier sind, werden heute wegen ihrer Wolle auch gezüchtet.

Unten links: Als kuscheliger Meister der Tarnung posiert dieser Polarfuchs sittsam auf Alaskas gefrorenem North Shore.

Unten rechts: Nordische Blaufuchswelpen auf St. Paul Island

Oben: Der Karibu-Bestand in Alaska schwankt, doch insgesamt leben etwa 600 000 Tiere in mehreren großen Herden. Sie wandern jedes Jahr etliche tausend Kilometer und verbringen dabei den Sommer in den ostarktischen Aufzuchtgebieten ihrer Kälber, den Winter im nödlichen Yukon-Gebiet. Da sie sich überwiegend von Flechten ernähren, ist das Nahrungsangebot in Alaska mit seiner kurzen Vegetationsperiode und dem rauhen Klima knapp.

Obwohl der Elch – wie der Grizzlybär – ein Symbol für die kraftstrotzende Natur Alaskas zu sein scheint, ist er tatsächlich relativ ungeschützt Wölfen, menschlichen Fahrzeugen und der Nahrungsknappheit ausgeliefert. Doch Elche sind anspruchslos und gedeihen selbst auf Landstrichen, wo die sommerlichen Buschfeuer gewütet haben. Diese Pflanzenfresser ernähren sich von Weiden und Hochlandvegetation ebenso wie von den Wasserpflanzen in den sumpfigen Tümpeln der Tundra. Dieser Elchbulle (unten links) hat im Denali Nationalpark Feuerkraut entdeckt.

Unten rechts: Karibu-Bulle, Denali Nationalpark

Buckelwale fischen mittels eines »Netzes« aus Luftblasen nach Krill.

Das Wasser ist eine Glasplatte, in der sich das Morgenlicht spiegelt. Die Luft ist kühl. Wenn es Geräusche gibt, so höre ich sie nicht. Meine Aufmerksamkeit wird von diesem einen Punkt gleich hinter den Felsen in Bann gehalten. Die Bedingungen sind perfekt, um zu beobachten, was ich zu sehen hoffe. Ich stehe still mit verschränkten Armen da, um ein bißchen Wärme zu ergattern, entschlossen, Zeuge der Szene zu werden. Ich muß nicht länger als ein paar Minuten warten, bevor Blasen die Wasseroberfläche kräuseln. Sie beginnen an einem bestimmten Punkt und beschreiben einen Bogen im Uhrzeigersinn; erst weg von der Küste und dann wieder zu mir und in einer durchgehenden Linie zurück zum Ausgangspunkt. Der Kreis schließt sich, und Sekunden später explodiert das Wasser in scheinbarer massenhafter Verwirrung: die weit aufgerissenen Mäuler, warzigen Köpfe, schlagenden Flossen und spritzenden Blaslöcher dreier Zwölf-Meter-Wale.

Was ich hier beobachte, ist jedoch alles andere als Verwirrung, sondern der letzte Schritt eines ausgeklügelten Tanzes, den Buckelwale manchmal vollführen, wenn sie fressen. Die Technik wird auch als »Bubble-net feeding« (»Blasennetz-Fang«) bezeichnet. In den Diagrammen, die ich darüber gesehen habe, taucht ein Wal unter einen Schwarm Krill oder kleiner Fische, bläst dann Blasen hoch, während er langsam und spiralförmig nach oben schwimmt. Die aufsteigenden Blasen bilden schließlich ein zylindrisches Netz um den Krill oder Fisch und halten ihn effektiv auf eng begrenztem Raum zusammen. Der Wal stößt dann innerhalb dieses Zylinders mit aufgerissenem Maul an die Oberfläche und verschlingt dabei alles, was ihm in die Quere kommt.

Carolyn Servid, »Surroundings« (»Umwelt«), Quartalsheft 59, Frühjahr 1991

Meeressäuger, über Jahrhunderte die Nahrungsgrundlage der Ureinwohner, wurden auch von Alaskas ersten Kolonialisten stark bejagt. Obwohl sie zur Nahrungsbeschaffung legal gejagt werden dürfen, hat sich ihr Bestand von den exzessiven Jagden Ende des späten 19. Jahrhunderts erholt und steigt heute wieder.

Eine Taubenteiste untersucht pazifische Walroßbullen.

Obwohl nur etwa 20 Vogelarten das ganze Jahr über häufig in Alaska anzutreffen sind, ist dies die perfekte Umgebung für Zugvögel, die aus jedem Kontinent herüberkommen, um hier zu brüten. Alaskas unvergleichliche Population an Seevögeln, an die 120 Millionen, wird durch mehrere Faktoren begünstigt: eine lange und biologisch fruchtbare Küstenlinie, ein reichhaltiges Nahrungsangebot an Pflanzen und Insekten aufgrund des lang anhaltenden Tageslichts im Sommer, eine Vielfalt an Lebensräumen und wenige natürliche Feinde.

Oben: Wandernde Kanada-Kraniche über dem Matanuska Valley

Mitte links: Rothalstaucher beim Fischen im Anchorage Coastal Wildlife Refuge

Mitte rechts: Das Moorschneehuhn wechselt sein geschecktes braunes Federkleid nach und nach zu einem weißen Wintergefieder und paßt seine Tarnung so der Jahreszeit an.

Unten links: Eine Sumpfohreule versteckt sich im Tundra-Gras, Dalton Highway bei Deadhorse.

Unten rechts: Papageientaucher auf einem Felsenriff, Round Island, Walrus Islands State Game Sanctuary

Der Weißkopf-Seeadler (*Haliaeetus leucocephalus*), die häufigste Art in Nordamerika, ist in seiner Jugend völlig braun, doch das Gefieder erwachsener Tiere weist weiße Kopf- und Nacken-Federn und einen weißen Schwanz auf. Die beiden Vögel (oben), denen die charakteristischen Kopf- und Schwanzfedern fehlen, sind noch nicht geschlechtsreif, d. h. weniger als fünf Jahre alt.

Unten: Trompeterschwäne, die in den Küstengebieten im Nordosten der USA bis nach Alaska zu Hause sind, sind die größte Schwanenart und können – wie ihr volkstümlicher Name andeutet – sehr laute Geräusche erzeugen.

Die einzigartige Landschaftsformation des Katmai Nationalparks ist das Ergebnis eines verheerenden Vulkanausbruchs. Im Jahre 1912 erwies sich der Mt. Katmai als Vulkan, der mit der zehnfachen Gewalt des Mt. St. Helen ausbrach und eine Landschaft von bizarrer Schönheit hinterließ. Der Park zeichnet sich durch seine herrlichen Berge, seine wild zerklüftete Küstenlinie und seine mehr als 800 Alaska-Braunbären aus.

Muster im schmelzenden Schnee, Kamishak-Gebiet in der Aleutian Range, Katmai Nationalpark

Oben: Nest eines Weißkopf-Seeadlers auf den Basaltklippen der Amalik Bay, Katmai Nationalpark

Research Bay, Katmai Nationalpark

Folgende Doppelseite: Die Wasserfälle des Brooks River am Lake Naknek sind die bevorzugten Fischgründe der Katmai-Braunbären.

Bärenspuren im Moos, Katmai Nationalpark. Die im Katmai-Gebiet lebenden Alaska-Braunbären können bis zu 400 kg wiegen, fettgefressen wie sie durch das überreiche Lachsangebot des Brooks River sind. Die Abdrücke solcher Kolosse sind unverkennbar.

Man könnte annehmen, daß die trostlosen, baumlosen und sturmgepeitschten Aleuten von den Frühmenschen gemieden worden wären. Im Gegenteil, in prähistorischer Zeit waren sie dicht besiedelt. Als Bering die Inseln im Jahre 1741 entdeckte, betrug die Zahl der eingeborenen Bewohner schätzungsweise 20 000–25 000 Menschen, mehr als die ursprüngliche Indianerbevölkerung des Ohio-Valley oder von Florida, Neu-England oder des Staates New York. Die Aleuten boten reiche Jagdgründe – Wale, Robben, Seelöwen, Seeotter, Vögel, Fische, Muscheln und andere Schalentiere –, und es war dieses gesicherte Nahrungsangebot, das einer, relativ gesehen, derart großen Anzahl von Menschen ein Zusammenleben auf so begrenztem Raum ermöglichte.

Welche Nachteile die Aleuten sonst auch haben mochten – eine Region, in der es Myriaden von Vögeln, jede Menge Meerestiere und eine reichhaltige, vielfältige Flora gibt, kann nicht als »leblos« bezeichnet werden.

Henry B. Collins, Jr., Austin H. Clark und Egbert H. Walker, »The Aleutian Island, People and Natural History« (»Die Aleuten – Insel, Bevölkerung, Naturgeschichte«), 1945

Russisch-orthodoxer Friedhof und das Aleuten-Dorf St. Paul, Pribilof Islands

Die weiße, mit Zwiebeltürmchen bestückte Christi-Himmelfahrts-Kathedrale, errichtet 1896 anstelle einer Kirche aus dem Jahre 1808, ist ein Überbleibsel des russisch-orthodoxen Glaubens. Das orthodoxe Christentum setzte sich 1824 auf der Insel durch, als der russische Priester Iwan Wenjaminow die Urbevölkerung der Aleuten für sich einnahm, indem er die Kirchenlieder in ihre Sprache übersetzte.

Soldaten pflanzten diese Bäume während des Zweiten Weltkriegs auf Atka Island im Aleutian Island National Wildlife Refuge.

St. Paul, eine der Pribilof-Inseln, ist ein winziges, windzerzaustes Fleckchen Land inmitten der Beringsee, die von Meeressäugern und Seevögeln nur so wimmelt. Um die 600 000 Robben sammeln sich im Sommer an ihren Stränden, und Ornithologen finden in dieser abgeschiedenen Gegend 2 Millionen Vögel von über 200 Arten, die in den Felsen nisten.

Laufen ist nicht so einfach auf dieser Insel. Nirgends gibt es ausgetretene Pfade, außer zu der Quelle, von der wir unser Trinkwasser holen, etwa zweieinhalb Kilometer von hier … Die langen Spaziergänge, die ich mir vorher ausgemalt hatte, haben sich bis jetzt als kurze Ausflüge erwiesen. Ein Hindernis – glitschige Felsen, tiefe Schluchten, unverhoffte Spalten oder Moraste – blockiert mir stets den Weg zu den entfernteren Brutkolonien.

Libby Beaman, »The Sketches, Letters and Journal of Libby Beaman« (»Die Notizen, Briefe und das Tagebuch der Libby Beaman«), 1987

Arktischer Klatschmohn und wolliges Läusekraut

Beringsee-Wasserteppich

Küstenlinie der Insel
St. Lawrence, Beringsee

Walroßmännchen drängeln sich auf Round Island, Walrus Islands State Game Sanctuary.

St. Lawrence Island südlich der Beringstraße ist der Teil von Alaska, den der russische Entdecker Vitus Bering zuerst zu Gesicht bekam. Die Insel ist seit mehreren tausend Jahren bewohnt, und zwar von Nachfahren der Sibirier, den Yupik-Eskimos.

Arktische Vergißmeinnicht

Blüten der Vogelmiere

Mitternachtssonne auf dem Wollgras der Kigluaik Mountains, Seward Peninsula

Die Arktis erfüllt eine merkwürdige Stille, wie es sie in keiner anderen Wildnis gibt. Und sie hat auch eine Einsamkeit – ein Gefühl von Isolation und Abgeschiedenheit, geboren aus unermeßlichen Weiten, dem Hügelland der Tundra und den kahlen Kuppeln der Kalkstein-Gebirge. Es ist eine Einsamkeit, die fröhlich wirkt und erheiternd. All die Geräusche der Zivilisation liegen hinter einem; jetzt sind die Ohren frei für die Musik der Wildnis. Die Arktis zeigt ihre Schönheit in der Ödnis und in den Schatten, die die Wolken über leeres Land werfen. Diese Schönheit liegt zum Teil in der Ehre, Elche, Karibus und Wölfe in ihrer natürlichen Umgebung zu sehen, unberührt von jeglicher Zivilisation. Oder Vögel, die Tausende von Kilometern zurücklegen, um hier zu nisten und ihre Jungen großzuziehen. Diese Schönheit liegt auch in den von niedrig wachsenden Rhododendren kirschrot gefärbten Hängen, in den allgegenwärtigen, fremdartigen Moosen und Flechten, und, sofern man sich niederbeugt, in der Pracht der zarten Steinbrech-Gewächse, arktischem Mohn und feenhafter Vergißmeinnicht. Der Lockruf der Arktis ist unwiderstehlich. Die fernen Berge verführen dazu, dort hinzugehen und weiter über den nächsten Kamm und über den danach. Diesen Ruf der Wildnis hören nur wenige. Es ist ein Aufruf zum Abenteuer. Dies ist kein Ort, von dem man Besitz ergreift wie von den Plateaus von Wyoming oder den Tälern Arizonas; es ist ein Ort, den man voll Ehrfurcht bestaunt. Es ist eine Heimat für jede rastlose Seele, die sich danach sehnt, die Wunder der Schöpfung an diesem Ort der Ruhe und der Einsamkeit zu entdecken, wo das Leben unbehelligt vom Menschen blüht.

William O. Douglas, »My Wilderness: The Pacific West« (»Meine Wildnis: Der pazifische Westen«), 1960

Nördlich des Polarkreises liegt das Cape Krusenstern National Monument, eine ergreifende Landschaft aus Lagunen und windgepeitschten Stränden, die sich in die Tschuktschen-See fressen.

Oben: Elch- und Gänsespuren unweit des Kobuk River, Kobuk Valley Nationalpark

Unten: Archäologische Ausgrabungen brachten seit den fünfziger Jahren zutage, daß die 114 Strandkuppen von Cape Krusenstern eine hochsignifikante Fundstelle arktischer Kulturgeschichte sind. J. Louis Gidding wies nach, daß jede bedeutendere arktische Kultur Alaskas in diesem Landstrich lebte, angefangen beim Denbigh-Menschen vor 5000 Jahren.

Die Kobuk-Sanddünen, die etwa 65 km^2 entlang des Kobuk River bedecken, schuf der Wind, der Sand von den nahegelegenen Baird- und Schwatka-Gebirgen abträgt. Die eindrucksvollsten Kämme findet man an der Westkante des Dünenfeldes bei Kavet Creek – in einer Eskimo-Sprache bedeutet »Kavet« »wandernder Sand«. Nach den Schätzungen der Geologen bildeten sich die ersten Dünen vor 150 000 Jahren und bedeckten einst eine weit größere Fläche Nordwestalaskas.

Die Eskimo-Jäger sagen, daß Karibus im Winter einen über den Schnee wandernden Menschen auf mehr als 1 km Entfernung hören können. All die Nebengeräusche des Sommers, die ablenken und verwirren – der Wind in den Bäumen, in Weiden und Gräsern, das Summen von Insekten, Flügelschlag und Vogelgezwitscher, das rieselnde Tauwasser und die rauschenden Sturzbäche –, all das bringt der Winter zum Schweigen. Wenn die dicke Decke aus Schnee und Eis das Land einhüllt, wird jeder Laut, der die Stille durchbricht, tausendfach verstärkt.

Billie Wright, »Four Seasons North« (»Vier Jahreszeiten im Norden«), 1973

Der Hundeschlitten, einst das Haupttransportmittel in Alaska, wird auf dem gefrorenen Flachland der Gebiete im Norden immer noch eingesetzt.

Onion Portage, Kobuk River. Das Kobuk Valley markiert die Zone, wo arktisches und subarktisches Terrain aneinanderstoßen. Hier sind so unterschiedliche Tierarten wie die Küstenbewohner unter den Zugvögeln, Dallschafe, Biber, Otter und Karibus zu Hause.

Der Noatak River fließt vom Mt. Igipak, dem höchsten Punkt der Brooks Range, nach Westen durch den Gates of the Arctic National Park in den Kotzebue Sound und die Tschuktschen-See. Sein 72 450 km langes Flußbett führt durch steile Schluchten, sanfte Hügel, nordische Wälder und baumlose Ebenen.

Und unter all den blühenden Pflanzen, all dieser arktischen Schönheit liegt der festgefrorene Erdboden. Im August färbt der Herbst die Blaubeersträucher, Preiselbeeren, Zwergbirken und die gesamte Vegetation, und die Landschaft nimmt die zur Jahreszeit passenden Farbtöne an.
Olaus Murie, »Journeys to the Far North« (»Reisen in den Hohen Norden«), 1973

Gletscher-Findling in der Tundra, Arctic National Wildlife Refuge, Brooks Range

Der Jago River auf seinem Weg durch die Brooks Range, Arctic National Wildlife Refuge

Der versickernde Kongakut River, Arctic National Wildlife Refuge

Reiche Bodenschätze

Das Öffnen der Schatztruhe

Unten: Ein Tourist der Jahrhundertwende inspiziert eine Spalte des Muir-Gletschers. Die ersten Touristen kamen mit dem Dampfer, um Alaskas Naturwunder und die Stätten des Goldrausches zu besichtigen.

Fünf bedeutende Industriezweige leben von den Schätzen des Landes und der Gewässer Alaskas: Öl, Fischfang, Tourismus, Holzverarbeitung und Bergbau. Der sechste große Arbeitgeber entscheidet, wer diesen Reichtum nutzen darf und wann, und er beschäftigt mehr Menschen als alle anderen: die Regierung.[1]

Weniger als 1 Prozent der Landfläche Alaskas befindet sich in Privatbesitz; ohne amtliche Zustimmung können also keine Ressourcen erschlossen werden. Gleichzeitig sind aufgrund der Größe Alaskas und der Schwierigkeiten, in diesem abgelegenen und wild zerklüfteten Terrain zu operieren, riesige Investitionen zur Ausbeutung der natürlichen Ressourcen erforderlich. Die ökonomische Entwicklung wird daher von kapitalstarken Investoren außerhalb Alaskas kontrolliert. In stärkerem Maße als in Staaten mit einer differenzierteren Wirtschaftsstruktur sind Wirtsschaftsfragen in Alaska daher auch politische Themen, die das Zusammenspiel von Industrie, Land und Leuten bedingen; Fragestellungen, die sich in den Chefetagen multinationaler Konzerne und den Hallen des Kongresses abspielen.

Die Produktion von Rohöl, der Transport quer durch den gesamten Staat an die Südküste, von wo es mit Tankern zu den Raffinerien verschifft wird, die vorwiegend im Nordwesten der USA angesiedelt sind, stellt alle anderen Industriezweige von Alaska in den Schatten (die 9 Milliarden Dollar teure Trans-Alaska-Pipeline, die ein Viertel der Inlandsproduktion von Rohöl befördert, war das größte privat finanzierte Bauprojekt der Weltgeschichte). Das Öl konsolidiert nicht nur die Regierung, es speist auch ein staatliches Rücklagen-Konto, den Alaska Permanent Fund, heute einer der größten Investmentfonds der Welt mit über 21 Milliarden Dollar im Jahre 1997. Der Fond erhält einen festgelegten Anteil aus den staatlichen Öleinnahmen und investiert diese in Aktien und Grundbesitz. Nachdem ein Teil der Erträge zum Schutz des Grundkapitals vor Inflation reinvestiert wurde, wird das Guthaben aus den Investment-Einkünften in zwei Teile geteilt, wovon eine Hälfte für Ausgaben der Legislative verwendet wird, während die andere alljährlich im Oktober als Dividende an alle Bürger des Staates Alaska ausgezahlt wird: Insgesamt bedeutet dies für alle Männer, Frauen oder Kinder jährlich rund 1300 Dollar. Die 700 Milliarden Dollar, die jedes Jahr vom Fond ausbezahlt werden, sind ein höherer Betrag als die von den meisten der übrigen Schlüsselindustrien Alaskas – Bergbau, Fischfang und Holzverarbeitung – erwirtschafteten Kapitaleinkünfte zusammen.

Zusätzlich zur Verteilung des Ölvermögens obliegt den Staats- und Bundesbeamten alljährlich auch die Entscheidung, wo die nächsten Ölbohrungen stattfinden sollen. Die verheerenden Umweltschäden durch das Tanker-Unglück der ›Exxon Valdez‹ sind noch in schlechter Erinnerung, und die Fischer betrachten jede Bohranlage mit Argwohn, da sie eine Gefahr für den maritimen Lebensraum und damit für ihre Existenzgrundlage darstellt. Ein Sockeye-Lachs kostet etwa ebenso viel wie ein Barrel Öl, argumentieren sie, und bei guter Pflege werden die Lachse, anders als das Öl, auch in ferner Zukunft noch schwimmen. In den reichsten Lachsgründen Alaskas, der Bristol Bay, haben sich selbst konservative, der Ölindustrie geneigte Politiker auf die Seite der Fischer geschlagen. In der Kachemak Bay südlich von Anchorage hatte man Pachtverträge veräußert und sie dann in den siebziger Jahren zurückkaufen müssen – die Rechnung wurde aus dem staatlichen Ölvermögen beglichen. In anderen Gebieten, etwa im Cook Inlet, gewann die Ölindustrie und wahrte das Recht, in lachsreichen Gewässern zu bohren.

Das Öl bestimmte jedoch nicht nur die politische Tagesordnung, sondern es veränderte auch die Gesellschaft, die solche Entscheidungen traf. 1980 wurden sämtliche personenbezogenen Steuern abgeschafft. Zudem drängten wegen des Öls viele Menschen mit neuen Wertvorstellungen ins Land. Alaskas Vergangenheit als Grenzland hatte eine freiheitsliebende Gesinnung im Sinne von »leben und leben lassen« und eine starke Demokratische Partei zur Folge; Anfang der siebziger Jahre machte Alaska mit parlamentarischer Unterstützung liberaler Demokraten und freiheitlicher Republikaner staatsübergreifende Schlagzeilen, als man den Marihuana-Konsum in den eigenen vier Wänden legalisierte. Im Ölzeitalter wandelte sich Alaska mit dem Zustrom von Neubürgern in einen konservativen Staat mit einer mächtigen christlich-rechtsgerichteten Gruppierung. Man erließ nun harte Drogengesetze, und der Staat wurde zur Republikaner-Hochburg.

Während heute das Öl auf dem North Slope langsam zur Neige geht, wartet Alaska auf die nächste Stufe seiner ökonomischen Entwicklung. Seit 1988 fließt jedes Jahr weniger Öl durch die Trans-Alaska-Pipeline. Mit der nachlassenden Produktion schloß man mehrere Pipeline-Pumpstationen und entließ so viele Büro-Mitarbeiter in Anchorage, daß heute ein ganzes großes, gläsernes Bürogebäude leersteht. Auch die Staatseinkünfte sind gesunken. Mit dem Verlust des leicht verdienten Ölvermögens wächst der Druck, auf breiter Ebene Suchbohrungen vorzunehmen und die Umweltbestimmungen zu lockern. Natürlich werden einmal die gesamten Ölvorkommen erschöpft sein, aber man lebte zu lange zu bequem in Alaska, um diesen Tag nicht so lange wie möglich hinausschieben zu wollen. Ohnehin werden die Entscheidungen über die Zukunft des Öls in Alaska, treu nach dem Muster des bisherigen Umgangs mit natürlichen Ressourcen und Bodenschätzen, fernab von Alaska getroffen, in den Geschäftszentralen von Texas, New York, London und der Hauptstadt Washington, wo der Kongreß die größten Ölbohrungsvorhaben in Naturschutzgebieten unterbindet.

Abenteuer Fischfang

Die Fischindustrie ist Alaskas größter privater Arbeitgeber und die zweitgrößte Wirtschaftsmacht nach dem Öl. Städte und Gemeinden entlang der mehr als 56 300 km langen Küste leben im Rhythmus mit dem Meer. Wenn die Lachse im Frühjahr und Sommer an ihre Laichplätze zurückkehren, kehren die Beschäftigten der Fischkonserven-Fabriken zurück in ihre Zeltstädte, die Fischer bringen Leben in die Bootshäfen und die Geschäfte und Bars werden wieder belebt. Die während des Winters schwindenden Bankkonten werden wie Wasserreservoirs von dem »warmen Regen« wieder aufgefüllt. Im Herbst, wenn der Fisch verschwunden ist, verlangsamt sich der Pulsschlag des Lebens wieder. Die Fischer machen Urlaub, die Hilfskräfte und Facharbeiter auf den Fischtrailern (*slime lines*) gehen zurück aufs College oder zu ihren Winter-Jobs. Natur und Wirtschaft scheinen gemeinsam auszuatmen, wenn sich die Straßen leeren, die Blätter bunt werden und die Sonne schon am frühen Nachmittag sinkt. Es ist jedes Jahr immer wieder neu, und doch scheint sich nichts zu verändern. Nur das in der Hochsaison angesammelte Vermögen bestimmt den Wohlstand einer Stadt.

Bis zur Mitte der neunziger Jahre konnte jeder, der Kraft, Mut und ein Boot besaß, dem 2 Zentner schweren Heilbutt nachstellen, wenn die Heilbutt-Fanggründe für wilde, blutige 24 Stunden für den kommerziellen Fischfang freigegeben wurden, was ein paar Mal im Jahr geschah. Männer und Frauen fuhren mit winzigen Booten von nur etwa 4,50 m Länge und bei jedem Wetter hinaus und fischten mit Langleinen; einen harten Tag und eine Nacht lang, bis zur völligen Erschöpfung und nicht selten unter Lebensgefahr, denn viele kamen bei stürmischer See um. So viel Fisch auf einmal hieß, daß man ihn einfrieren und später zu niedrigen Preisen verkaufen mußte, statt das ganze Jahr über jeweils weniger, dafür aber frischen Heilbutt auf den Markt zu bringen. Bei so vielen Booten konnte man die Jagd nur zwei oder drei Mal pro Jahr freigeben.

Heute gibt es ein neues System: Statt eines Fischfang-Wettkampfes, an dem jeder teilnehmen kann, haben die Boote festgesetzte Fangquoten, die sie nach eigenem Gutdünken im Verlauf eines Jahres erfüllen oder an jemand anderen weiterverkaufen können (jedes Boot, das eine bestimmte Zahl an Jahren unter dem alten System fischte, erhielt eine Dauerquote, die dem Fang dieser Jahre entsprach). So werden Qualität und Preise kalkulierbarer, die Verwaltung der Fischbestände einfacher, und die Sicherheit hat zugenommen. Das System hat die Probleme gelöst, die es angehen sollte, und doch bekämpften einige Fischer diese Veränderungen mit aller Kraft. Bei allen offensichtlichen Vorteilen eines Quotensystems – es fehlt der eine Aspekt, der vielen Fischern am wichtigsten ist: Freiheit. Im kommerziellen Heilbuttfang kann nicht mehr jeder dabeisein, jeder für sich kämpfen und das beste Boot den größten Gewinn machen. Statt dessen wurden die Fischvorkommen zu einer Sache von Geld und Planung; sie sind ein Geschäft wie alle anderen.

In der Lachsfischerei steuern selbstbewußte Fischer dagegen immer noch ihre eigenen kleinen Boote im Wettkampf mit anderen, um den meisten Fisch und das meiste Geld nach Hause zu tragen. Inzwischen sind jedoch Fischarten und Krustentiere, die am Meeresboden leben, sehr gefragt. Ausladende Ozeanriesen fischen, ungeachtet wild wütender Stürme, mit Schleppnetzen Schellfisch vom Boden der rauhen Beringsee und verarbeiten den Fisch zu *Surimi*, einer farb- und geruchlose Proteinpaste, die sich zu Krebsfleisch-Imitat, Fischstäbchen und anderen Fertig-Fischgerichten verarbeiten lassen. Die meisten dieser Schiffe haben keinen Heimathafen in Alaska, sondern fahren von Seattle aus direkt in die Fischgründe. Statt daß gewitzte Fischer auf hoher See im Wettstreit lägen, wetteifern Konzernmanager in beratenden Parlaments-Sitzungen, um eine vorteilhafte Zuteilung von Ressourcen im offenen Meer zu erhalten.

Auch ausländische Unternehmen sichern sich ihren Anteil an diesem lukrativen Geschäft. Damit die Städte überleben können, müssen sie ihren Fisch verkaufen, doch seit zehn Jahren erhält der Alaska-Lachs zunehmend Konkurrenz von Zuchtlachs aus Skandinavien und Südamerika. Die Absätze an Dosen-Lachs, eines der Hauptprodukte aus Alaska, gehen zurück, und in dem Maße, in dem das Angebot steigt, fallen die Preise.

Der Strand bei Nome um 1900. Der Goldrausch lockte schätzungsweise 20 000 Menschen nach Nome.

Wie alle Schlüsselindustrien Alaskas wird auch der Fischfang immer auf staatliche Ressourcen zugreifen müssen, und wie diese Ressourcen aufgeteilt werden, hängt letztlich von der Regierung ab. Der freie Wettbewerb auf offener See ist nur ein mögliches Modell dafür, wie Gewinner und Verlierer bestimmt werden. Generell werden zur Erschließung von Ressourcen große Investitionen, Weltmärkte und günstige politische Vorgaben erforderlich sein – und nichts davon kann wahrscheinlich auf lange Sicht von den Bewohnern Alaskas kontrolliert werden.

Holzwirtschaft versus Fischfang versus Tourismus

Stellen Sie sich eine Lichtung im Regenwald vor, wo diesige, mit Pflanzensäften geschwängerte Luft an Moosen, Farnen und an dicken Baumstämmen haftet, die so hoch sind, daß der Himmel über ihrer luftigen Höhe zu schrumpfen scheint. Ein Bachlauf plätschert über die Steine, klar und kühl im Schatten der Bäume. Im Wasser schieben sich Lachse über den Kies, um ihre Eier abzulegen und zu befruchten, und sorgen so für massenhaften Nachwuchs. Adler, Eulen und Falken nisten in den Bäumen oder halten Ausschau nach Beute. Irgendwo weiter unten streifen Bären und Wölfe durch den Wald.

Wozu ist so ein Ort gut? Die Fischer sehen seinen Nutzen als Kinderstube für junge Lachse, die sie später fangen, um aus dem Verkaufserlös das Darlehen fürs Boot und die Hypotheken fürs Haus zu bezahlen. Den Öko-Reiseveranstaltern hilft er, ihre Terminkalender mit Besuchern gefüllt zu halten, die sich die Reise nach Alaska leisten können. Und für Holzfäller bedeutet er ebenfalls Geld und Arbeitsplätze: Jeder Baum ist Tausende von Dollars wert, und das Holz aus den Wäldern ist der Lebenssaft ihrer Heimatorte.

Tongass National Forest im Südosten Alaskas ist so ein Regenwald, mit 68 800 km² darüber hinaus der größte der USA. Am Ende des Zweiten Weltkriegs unterzeichnete die Waldaufsicht des Landes Fünfzigjahresverträge, um den Tongass Forest abzuholzen. Geplant war, damit den Wiederaufbau der japanischen Wirtschaft zu unterstützen und der US-Industrie auf die Sprünge zu helfen, der man eine Menge Holz unter Marktwert zur Verfügung stellte. In der gesamten Region siedelten die Städte Säge- und Zellulosewerke an. Damals schien der Wald vermutlich so gewaltig, daß sein Verschwinden unvorstellbar schien, und niemand kannte oder bedachte die Folgen für die Lachsflüsse, wenn die schattenspendenden Bäume abgeholzt würden, oder für den Wildbestand, wenn ihr Lebensraum durch Kahlschläge zerstört würde.

In den achtziger Jahren zog jedoch die schnell fortschreitende, staatlich subventionierte Abholzung in Kombination mit Holzeinschlägen auf dem Land der Ureinwohner, was durch ein spezielles Steuerschlupfloch ermöglicht wurde, die Aufmerksamkeit einer neuerlich um den Schutz der Regenwälder besorgten Nation auf sich. Hier fiel Nordamerikas letzter, zusammenhängender Bestand an urzeitlichem und uraltem Hochwald der Säge zum Opfer; und dies für weniger, als es den Steuerzahler kostete, die dafür benötigten Straßen und weitere Infrastruktur zu schaffen. 1990 verabschiedete der Kongreß das Tongass Timber Reform Act (»Tongass-Holzreform-Gesetz«) und zog damit die Zugriffsmöglichkeit auf Landstriche zurück, die den Holzfällern in großen, neugeschaffenen Naturschutzgebieten potentiell zur Verfügung standen. Aufgrund von Umweltprotesten und Klagen begann die Waldaufsicht, den Verkauf der wertvollsten Bäume einzuschränken, nämlich derer, die entlang der Flußläufe wuchsen und dadurch eine wichtige Funktion für den Lebensraum der Fische und der Waldbewohner hatten. Diese Regelung zog nach sich, daß der Nachschub an Stämmen für die Holzwirtschaft sich verringerte, und die ersten Sägewerke mußten schließen. Nachdem auch die großen Firmen aufgegeben hatten, widerrief die Regierung ihre restlichen Verpflichtungen aus den Fünfzigjahresverträgen und gab damit die Jobs endgültig auf. Als Folge drohte 1996 Louisiana Pacific mit der Schließung des letzten großen Sägewerks in Ketchikan, falls der Kongreß und die Clinton-Regierung einer langfristigen Verlängerung seines Vertrags nicht zustimmte. Sie taten es nicht, und im folgenden Jahr schloß das Werk, was weitere 330 Arbeitsplätze kostete. So schienen die aus der Ferne getroffenen Ent-scheidungen eines der wirtschaftlichen Standbeine im Südosten Alaskas zu kappen. Von 1989 bis 1997 verlor die regionale Holzindustrie 40 Prozent ihrer Arbeitsplätze.

Unten: Gold-Schwimmbagger wie dieser in Fairbanks schwammen auf einem See, den sie selbst geschaffen hatten. Eine Schaufel grub den Boden auf einer Seite aus, eine Maschine im Inneren klassifizierte den Kies und sortierte das Gold aus, und der Abfall füllte den See hinter dem Bagger wieder auf.

Wrangell, eine Kleinstadt, in der vor mehr als 100 Jahren die erste Sägemühle erbaut worden war, gehörte zu den am schwersten getroffenen Orten. Als das Werk 1994 schloß, bedeutete dies den Verlust eines Drittels der örtlichen Arbeitsplätze. Menschen, die seit jeher in diesem kleinen Küstenort gelebt hatten, ohne jede Straßenverbindung zur Außenwelt, sahen sich gezwungen, ihre Häuser zu verkaufen und ein neues Heim sowie eine neue berufliche Perspektive zu finden. Die Stadtbevölkerung verfluchte die gesichtslosen Umweltschützer irgendwo im Osten, die sich offenbar mehr Gedanken um die Bäume als um die Menschen machten. Ironischerweise schien die einzige Chance, um der Stadt eine Zukunft zu sichern, darin zu bestehen, genau diese »Sorte« Menschen nach Wrangell zu verfrachten: Die größte Attraktion der Stadt lag in ihrem touristischen Potential, in ihrer mit unverfälschter Natur reich gesegneten Umgebung. Heute paßt sich Wrangell dieser Lage mehr und mehr an: Jährlich wird ein großes Fest ausgerichtet, mit dem man den Zug der Küstenvögel feiert; immer mehr Reiseleiter führen ihre Gruppen in das nahegelegene Bären-Schutzgebiet; und das Fremdenverkehrsamt leistet viele Überstunden, um für die beachtlichen Naturschönheiten dieser Region zu werben.

Inzwischen hat der boomende Tourismus ganz Alaska erfaßt; längst ist die Marke von 1 Million Besuchern pro Jahr – fast zweimal so viele, wie das Land Einwohner hat (600 000) – überschritten. In den letzten zehn Jahren haben sich die Besucherzahlen in Alaska nahezu verdoppelt. Fast die Hälfte dieser Besucher kommt mit riesigen, weißen Passagierschiffen, die von Vancouver (Kanada) aus zu einwöchigen Kreuzfahrten Richtung Norden starten, durch die Häfen der Inside Passage im Südosten Alaskas schippern und dann in Seward bei Anchorage anlegen, wo die Passagiere ihren Rückflug nach Hause antreten. Kleine Städte im Südosten sind im Sommer überlaufen wie eine Großstadt, auf den Straßen drängeln sich bis zu 6000 Touristen – Landgang von bis zu fünf Kreuzfahrtschiffen gleichzeitig.

Mit dem Massenansturm kam die Erkenntnis, daß der Tourismus ebenfalls keine beschauliche Industrie ist. Ortsansässige klagen darüber, daß ihre Lieblingspfade und -strände überlaufen seien, und Charter-Boote fischen die nicht ganz so geheimen Fangstellen ab. Oberflächliche Blitztouren zur Einkommensmaximierung ihrer Organisatoren lenken von der Ruhe und Besinnlichkeit der Naturschauplätze ab, die sie besuchen, und Hubschrauber stören mit ihrem Lärm die Ruhe der Wildnis. Wie stark sich die Einheimischen durch derlei Unannehmlichkeiten beeinträchtigt fühlen, hängt davon ab, wie stark ihr Einkommen auf dem Tourismus basiert. Wie die Bergbau-, Öl- und Holzindustrie lebt auch der Tourismus von hohen Investitionen. Die größeren Kreuzfahrt-Liniengesellschaften besitzen neben ihren Schiffen Busse und Eisenbahnwaggons, Hotels und selbst historische Schauplätze wie einen Gold-Schwimmbagger nördlich von Fairbanks. Eine solch »vertikale Integration« ermöglicht dem Unternehmen, die Angebotsqualität zu sichern und so viel von den Urlaubsausgaben abzuschöpfen wie möglich. Viele der im Tourismus Beschäftigten kommen zudem von außerhalb Alaskas, denn die kurze Saison und die niedrigen Löhne in Restauration, Hotellerie und anderen Dienstleistungsgewerben reichen, übers Jahr gerechnet, für die relativ hohen Lebenshaltungskosten in Alaska nicht aus.

Dennoch bekommen immer noch viele Kleinunternehmer ihren Anteil von den sommerlichen Besucherströmen ab. Von Betreibern kleiner Pensionen bis zu Hochseekajak-Führern – sie werden zunehmend einfallsreicher, um Nischen zu finden und einen Teil der wachsenden Touristenflut anzulocken. Für den erfahrenen Beobachter ähnelt ein Ferienort in Alaska einem maritimen Ökosystem: Die Saison ist kurz, und jeder Kleinunternehmer versucht – wie die Kleinorganismen auf einem Riff –, mit unterschiedlichen Strategien einen Teil der nahrhaften Speise einzufangen, die mit dem Meerwasser vorbeifließt. Um zu überleben, müssen sie ihr Soll erfüllt haben, ehe das Wetter umschlägt; nur so haben sie genug Reserven, die acht kalten, dunklen Monate außerhalb der Saison zu überstehen.

Die unter »Mat-Su« bekannte Region um das Manuska und Susitna Valley ist Alaskas wichtigstes landwirtschaftliches Anbaugebiet. Viele dieser Farmen entwickelten sich während der dreißiger Jahre als Folge des *New-Deal*-Programms, aufgrund dessen man etliche Dutzend amerikanische Familien skandinavischer Abstammung aus Wisconsin und Minnesota nach Alaska umsiedelte.

Ländliche Szenerie in Palmer

Markt der Tanana-Landwirte in Fairbanks

Kartoffelernte im Matanuska Valley

Gene Dinkel, Farmer in Wassilla, mit einem Riesenkohlkopf

Kennicott, eine Stadt in den Wrangell Mountains, hatte ihre Blütezeit zwischen 1910 und 1938, als man dort eines der reichsten Kupfervorkommen ausbeutete, die je gefunden wurden. Heute ist es eine von der Parkverwaltung erhaltene Geisterstadt.

Das jährliche *Fur Rendezvous* (»Rendezvous der Pelze«) in Anchorage ist ein Winterfest mit Hundeschlittenrennen durch die Innenstadt und zahlreichen Gelegenheiten, Felle zu kaufen – den Rohstoff, der die ersten Kolonisten nach Alaska lockte.

Steve Vlahos, ein Austern-Farmer bei Fairmont Bay im Prince William Sound, präsentiert die Ausbeute eines Tages. Der gewerbliche Fischfang in Alaska produziert die Hälfte des weltweiten Bedarfs an Fisch-Protein; Fisch ist zudem lebenswichtig für die ausschließlich am jeweiligen Eigenbedarf ausgerichtete Wirtschaft der Ureinwohner.

Oben rechts: Gefangene Shrimps in Unakwik im westlichen Prince William Sound

Krebsfallen

Folgende Doppelseite: Dutch Harbor in Unalaska wuchs von einem russisch besetzten Aleuten-Städtchen zum Mittelpunkt der Fischindustrie Alaskas heran. Zudem ist es die älteste Stadt des Staates.

Fragt man jemanden, der mit dem Lachsfang in Alaska zu tun hat, nach Anzahl und Mengen, bekommt man sofort zu hören, daß es dort Millionen von Fischen gäbe und das Angebot unerschöpflich sei – auf jeden Fall wird seine Wortwahl fatal daran erinnern, wie man in der Vergangenheit über die gewaltigen Mengen von Wildtauben, Büffeln oder Pelzrobben der Beringsee zu sprechen pflegte.
George Grinnell, »Alaska 1899: Essays from the Harriman Expedition« (»Alaska 1899: Essays von der Harriman Expedition«), 1995

Rechte Seite: Fischereiflotte im Hafen von Homer auf der Halbinsel Kenai

Rechts: Ein Fischerboot im späten Schneefall im Frühling in der Halibut Cove. Homer ist für den Heilbuttfang berühmt. Bis zu 140 kg schwere Fische gedeihen in und um die Kachemak Bay, ein biologisch außerordentlich produktives Gebiet.

Unten
Links: Gewerblicher Heringsfang im Sitka Sound

Mitte: Junglachse in Valdez

Rechts: An den Stränden des Norton Sound bei Nome findet man überall Lachs, der zum Trocknen an Rosten hängt. Eingeborene Fischer kennen ihren Lachs so gut, daß sie sofort erkennen, aus welchem Fluß jeder einzelne Königslachs stammt.

CHESAPEAKE
BOULDER BAY
BOULDER BAY
JOMEL
54954

Grob gerechnet: Das Land, das zugebaut, von der Pipeline durchzogen oder anderweitig versiegelt wurde in Alaska – all das heute unter Städten, Dörfern, Metropolen, Flughäfen, Trapperhütten, Motels, Straßen vergrabene Land –, macht insgesamt weniger als 400 km^2 aus. Verbleiben unberührte 1 517 600 km^2. Nach nahezu jedem Maßstab in der nördlichen gemäßigten Zone kommt die menschliche Besiedelung von Alaska gleich nach »nicht vorhanden«.
JOHN MCPHEE, »COMING INTO THE COUNTRY« (»INS LAND KOMMEN«), 1977

Eine Ölplattform, schon für die bevorstehende lange Nacht erleuchtet, wird vor dem Sonnenuntergang am frühen Nachmittag auf dem mit Eisschollen bedeckten Cook Inlet zur Silhouette. Die Entdeckung von Ölfeldern in Alaska im Jahre 1957 sorgte für die ökonomische Unabhängigkeit dieses Territoriums und gab den Bemühungen um die Anerkennung als amerikanischer Bundesstaat das entscheidende Argument.

Die Trans-Alaska Pipeline befördert Öl über 1300 km von den Ölfeldern der Prudhoe Bay durch die Alaska Range bis zum Hafen von Valdez. Die Entdeckung dieser Ölfelder im Jahre 1968 machte eine Pipeline erforderlich, damit das geförderte Öl nach Süden gelangte. Die offenen Fragen der Landrechte, die durch den geplanten Verlauf der Pipeline zunehmend kontroverser diskutiert wurden, endeten in einem Kompromiß, der letztlich die heutige geographische Aufteilung in den Landbesitz von Ureinwohnern, Bund, Staat sowie Privatleuten bestimmte.

Trans-Alaska Pipeline im Atigun River Valley, Brooks Range

Kreuzfahrtschiffe bringen Touristen nach Skagway am inneren Ende der schiffbaren Inside Passage, um die Stadt zu besichtigen, die in den Spitzenjahren während des Goldrausches (1897–1899) vermutlich 20 000 Menschen anzog.

Blick auf den Hubbard-Gletscher in der Disenchantment-Bay vom Deck eines Kreuzfahrtschiffes der Cunard-Linie

Kreuzfahrschiff im Prince William Sound in der Nähe des Columbia-Gletschers

Kayak-Paddler beim Umfahren von Eisbergen an einer Gletscherzunge

Ein Fischer hat sich mit seinem Kajak zu einer einsamen Stelle am Ufer des Lake Beverly am Golden Hornwood aufgemacht, Tikchik State Park.

Tundra-Wanderung oberhalb des Sable-Passes im Denali Nationalpark

Wenn die Lachswanderung ihren Höhepunkt erreicht, ziehen die zugänglichen Stellen (wie dieser hier am Kenai River) so viele Fischer an, daß der Sport unter Einheimischen als »Kampf-Fischen« bezeichnet wird.

Linke Seite unten: Der Skifahrer in seinem einsamen Zelt-Lager am Rhino Peak hat freien Blick über das enorme Juneau-Eisfeld in der Taku Range.

Obwohl der Mendenhall-Gletscher zu den wenigen gehört, die man problemlos begehen kann, vermittelt der Überflug per Hubschrauber weit eher das Gefühl menschlicher Bedeutungslosigkeit angesichts derart immenser Größe.

Links: Lachsfang unweit der Kaflia Bay, Katmai Nationalpark

Rechts: Wasserflugzeug über Mittelmoränen, Tongass National Forest

Rechte Seite: Camping am Margerie-Gletscher, mit Blick auf die Gipfel der Fairweather Mountains

Land und Leute

Leben mit der Natur

Es war einmal in einem Ort namens Ukkuqsi, da lagen fünf Inupiat-Frauen und -Mädchen in einem traditionellen Haus aus Walknochen, Erde und Holzplanken, von den praktischen Utensilien umgeben, die sie mit eigenen Händen geschaffen hatten: ein Nadelkissen, Nähzeug und Tiersehnen als Fäden, *ulu*-Messer, ein Schaber für Tierhäute, ein Nachttopf. Das Leben der Frauen war hart. Ihre Zähne waren abgenutzt vom Kauen der Häute. Ihre Nahrung bestand aus Fleisch, aber zeitweise waren sie dem Hungertod nah gewesen. Ihre Lungen waren schwarz wie die eines Kohlen-Bergmanns vom Einatmen des Rauches, der den Robbentran-Funzeln entstieg und ihr kleines Heim verpestete. Es war Winter, und draußen fegte ein gewaltiger Sturm über das Eismeer. Auf dem Höhepunkt des Sturms schob sich unter mächtigem Poltern und Knirschen das dicke Packeis, *ivu* genannt, über das Haus. Vom Wetter hoch aufs Land geschoben, trieb das *ivu* über den Boden und fiel über sie, erschlug dabei alle fünf und versiegelte sie in der gefrorenen Erde.[1]

Jahrhunderte vergingen. Die Küstenlinie erodierte an der Stelle, wo die Frauen ihr Grab gefunden hatten, und eine Leiche kam zum Vorschein, perfekt konserviert von der frostigen Erde, die genauso dalag wie am Tage des Sturms. Zufällig hielt sich ein 1982 von der Inupiat-Stadt Barrow angeheuertes Archäologen-Team in dem Dorf auf und setzte sich sofort dafür ein, das Gelände nach Hinweisen auf das Leben der frühen Eskimos zu untersuchen. Die Dorfältesten wußten ebenfalls um den Wert der Leichen, die den Inupiat Aufschluß über das Leben ihrer Vorfahren geben konnten. Aber das Thema, die Toten auszugraben, war heikel. 50 Jahre zuvor hatten Archäologen die Überreste von Vorfahren der Ureinwohner Alaskas als besitzerlose Waren behandelt – und den Inhalt Hunderter von Gräbern in fremde Museen verfrachtet. 1982 jedoch gehörte das Land offiziell den Inupiat, und die Ältesten erlaubten die Ausgrabungen nur unter der Bedingung, daß die Körper – selbst während sie in Tiefkühl-Container verladen und zum Zweck einer Autopsie an ein Labor verschifft wurden – mit dem gehörigen Respekt behandelt würden, die ihre Kultur verlangte. Gemäß dem traditionellen Vorgehen der Inupiat mußte der Geist verstorbener Ahnen geehrt werden, denn er war immerdar da, um begnadete Menschen zu leiten, die ihn hören konnten.

Die Archäologen arbeiteten tagelang bis tief in die weiße Polarnacht, um das gefrorene Fleisch zu konservieren, bevor es antauen konnte. Die Dorfbewohner versammelten sich um die Grabungsstätte, um zuzuschauen, wie ihre Vergangenheit exhumiert wurde[2] (bei späteren Projekten nahmen sie direkt daran teil). Als die Wissenschaftler ihre Anlalyse beendet hatten, bei der sie 20 000 Objekte von mehreren Fundstellen katalogisiert und die Härten des Lebens für die Frauen und Mädchen – wie sich anhand der Knochen, Zähne, Kleidung und des Muskelgewebes belegen ließ – dokumentiert hatten, wurden alle fünf Körper ihrem Volk für ein ordnungsgemäßes Begräbnis zurückgegeben. Heute bauen die Inupiat von Barrow ein Kulturzentrum, das sowohl die archäologischen Funde als auch die Arbeiten zeitgenössischer Handwerker und Künstler aufnehmen soll.

Die alten Ureinwohner hätten das moderne Barrow wohl kaum wiedererkannt. Die dank des Öls reiche Gemeinde besitzt eine große, neue und mit Lehrmitteln neuesten Standards bestens ausgestattete Schule. Eine große Stadthalle und die Bürohäuser von Ureinwohner-Unternehmen beherbergen Inupiat-Politiker und -Vorstände, die – mit der Geschäftswelt über Internet und Faxgerät verbunden – mit Millionenbeträgen umgehen. Das moderne Inupiat-Heim verfügt über Satelliten-Fernsehen, das 100 Kanäle voll fremdartiger Kultur empfängt. Täglich landen hier Jets. Das Leben der eingefrorenen Eskimos, der stets lauernde Hunger und das Elend, existiert nicht einmal mehr in der Erinnerung.

Doch einiges käme ihnen vertraut vor: Sie würden die *nalukataq* wiedererkennen, bei der die Gemeinschaft ihre Waljäger ehrt, die den Jahresfang an Grönlandwalen in offenen Booten heimbringt. Sie würden den Gemeinschaftsgeist verstehen, wenn ein Wal angelandet und auf den Strand gezerrt wird, wenn jeder beim Zerlegen von Fleisch und Tranfett mit anpackt und jedes Pfund unter allen Dorfbewohnern verteilt wird. Auf der Straße würden sie hören, wie man immer noch ihre Inupiaq-Sprache spricht, obwohl sie die Zeichen nicht erkennen würden, mit denen sie auf den Straßenschildern geschrieben steht. Und vielleicht würden sie auch die traditionellen Tänze, die Gesänge und die Elfenbeinschnitzerei wiedererkennen, die sich bis heute erhalten haben. Mit Sicherheit würde sie jedoch das Publikum dieser Darbietungen überraschen – Touristen aus aller Herren Länder.

In gewisser Weise leben die Ureinwohner von Alaska in beiden Welten. Tief verwurzelt mit ihrem jeweiligen Heimatort durch Sippenzugehörigkeit, Tradition und die alten Sprachen, können sie doch nicht umhin, an einer dominanten Kultur teilzunehmen, die so viele andere Minderheiten vor ihnen geradezu verschlungen hat. In einigen Yupik-Dörfern im Südwesten Alaskas, in dem Gebiet, das am wenigsten durch Außenkontakte zerrissen wurde, überwiegt noch die klassische Lebensweise; Veränderungen gab es primär durch moderne Gerätschaften wie Gewehre und Außenbordmotoren. Doch die Yupik-Dialekte sind noch immer die Alltagssprache der Menschen, die nach wie vor als Selbstversorger von der traditionellen Nahrung wie Lachs, der im Freien auf Rosten getrocknet wird, Elchen, Wasservögeln und Meeressäugern leben. In anderen Dörfern jedoch ist es bei weitem nicht so gut gelungen, Tradition und Integration zu verbinden. Dort ist die jüngere Generation mit dem Fernseher groß geworden, und häufig genug sprechen Enkel und Großeltern nicht mehr dieselbe Sprache. Während die jungen Leute an intellektueller Pop-Kultiviertheit gewinnen, laufen sie Gefahr, etwas zu verlieren, das wesentlich wertvoller und seltener ist: ein tiefes und unerschütterliches Wissen darum, wer sie sind und woher sie kommen.

Die Alaska Native Review Commission machte es sich 1985 zur Aufgabe, die diesbezüglichen Sorgen der Ureinwohner in einer Reihe von Hearings in ganz Alaska zu sammeln. »Ich erinnere mich an unsere Vorväter, wie sie in dieser Welt überlebten; in kräftigen Winden und kalten Temperaturen«, sagte Bobby Wells aus Kotzebue. »Viele von ihnen starben während dieser Jahreszeit, aber die Gesellschaft überlebte über Tausende von Jahren, weil sie wußten, wie man überlebt. Sie hatten gelernt, zu teilen, sie hatten gelernt, sich gegenseitig zu helfen, über Tausende von Jahren. Heute sind wir in derselben Situation, aber diesmal werden wir nicht überleben, gegen die Natur … auf Kosten des Landes. Dieses Mal befinden wir uns in einer Zeit des Suchens, wir kämpfen ums Überleben unter anderen Menschen, unter den fremden Rassen dieser westlichen Zivilisation. Was hat diese westliche Zivilisation letztlich denn schon zu bieten? Geschäfte.«[3]

Unten: Leutnant John Webber, ein Künstler, der Captain James Cook auf seiner Reise nach Alaska begleitete, dokumentierte diese Innenansicht eines Hauses der Aleuten in Unalaska auf den Aleuten-Inseln.

Als der Kongreß 1971 über die Landansprüche entschied und dabei 178 000 km^2 Staatsgebiet an dessen ursprüngliche Bewohner zurückgab, etablierte dieser Handel eine neue Rechtsstruktur. Das Land war unverzichtbar für die indianische Lebensweise, doch statt Stammes-Reservate zu schaffen, die sich im Rest der Vereinigten Staaten als ökonomischer wie gesellschaftlicher Fehlschlag erwiesen hatten, übergab die Regierung das Land sowie 1 Milliarde Dollar Startkapital an neu gegründete Aktiengesellschaften, deren Aktionäre »alle derzeit lebenden Ureinwohner Alaskas« waren. Diese gewinnorientierten Unternehmen sollten, so hatte man sich versprochen, die natürlichen Ressourcen wie Holz und Mineralien erschließen mit dem Ziel, den Ureinwohnern die gängige, auf Geld basierende Ökonomie der Nation nahezubringen.

Die Unternehmen haben überlebt, manche sogar recht profitabel, doch viele führende Ureinwohner stellen inzwischen das Unternehmens-Modell in Frage. Manche von ihnen sehen darin eine unglückselige Trennung zwischen »Dorf-Indianern«, die weiterhin in kleinen Gemeinschaften leben und zumindest teilweise ein am Eigenbedarf orientiertes traditionelles Leben führen, und den »Unternehmer-Indianern«, die sich mehr in der Welt der Geschäftsanzüge, des Konkurrenzkampfes und des Geldes bewegen. Einen weiteren Unterschied macht die Indianerin Antoinnette Helmer vom Volk der Craig: »Für Nicht-Ureinwohner ist Profit gleich Geld. Für Ureinwohner bedeutet Profit ein gutes Leben von dem, was man Land und Meer abringt. Das ist es, worum es uns allen geht … Von Land und Meer zu leben ist nicht nur traditionell, es ist wegen der pekuniären Einkommensknappheit für das Überleben unserer Familien unumgänglich.«[4]

Inzwischen ist eine »Souveränitäts«-Bewegung entstanden, die nach der Anerkennung souveräner Indianer- und Eskimo-Nationen ruft, ähnlich denen in den südlicheren 48 Staaten, die ihre eigenen Gesetze erlassen und ihr eigenes Geld verdienen können. Ihre Aktivisten setzen sich für die Rückkehr traditioneller Institutionen wie dem Dorfältestenrat oder der Stammesgerichte ein, um zentrale Kompetenzen an die Dorfgemeinschaften zurückzugeben, wo ein wiedererwachtes Gefühl der Selbstkontrolle dazu beitragen könnte, die Wertewelt der Ureinwohner zu reetablieren. Larry Williams aus Venetie, einem federführenden Dorf in der Souveränitäts-Bewegung, drückt es so aus: »Wir nennen uns ein souveränes Volk. Und so sollte es auch sein, weil wir niemanden um Erlaubnis fragen müssen, wenn wir auf unserem Land jagen oder Holz für unsere Hütten holen wollen. Wir ziehen los und erledigen es, ohne irgend etwas zu verschwenden, und wir haben unsere eigenen Gesetze, denen wir folgen; Gesetze, die lange gültig waren, bevor das Recht des Weißen Mannes in unser Dorf oder in unser Land kam. Und wir befolgen sie immer noch. So ist das Gesetz der Tradition.«[5]

Das Dorfleben unterscheidet sich grundlegend vom »Weg des Weißen Mannes«, wie die dominante Kultur oft genannt wird. Ein typisches Dorf hat ein paar hundert Einwohner und ist im wesentlichen nur mit Sportflugzeugen erreichbar, auch wenn oft eine Boots- oder Snowmobil-Verbindung zu den Nachbardörfern und den Sommerlagern zum Fischfang besteht. Gewöhnlich gibt es nur wenige Arbeitsplätze – im Postamt, im Dorfladen, im Krankenhaus und vielleicht in einem den Ureinwohnern gehörenden Unternehmen. Das meiste Geld stammt daher aus dem gewerblichen Fischfang, dem Verkauf von Artefakten, der Bekämpfung sommerlicher Buschbrande und Zahlungen der Regierung. Die Uhr hat an den langen, unendlichen Sommertagen und in Winternächten, die ineinander zu verschmelzen scheinen, keinerlei Bedeutung. Die weit verstreut lebenden Familien sorgen füreinander ohne die zahlreichen formellen Richtlinien, die die Verantwortlichkeiten festlegen, wie sie im modernen Stadtleben üblich und notwendig sind. Kinder finden in jedem Haus ein Heim. Und Geben ist wirklich seliger denn Nehmen.

Einem außenstehenden Besucher, der die Hektik, die Stimulation und die geschriebenen Gesetze der Großstadt gewohnt ist, mag das Leben im Dorf trostlos und unergründlich erscheinen, ein Ort der Armut und Hoffnungslosigkeit. Und in der Tat sind Alkoholmißbrauch sowie eine hohe Selbstmordrate ernste Probleme besonders unter den jungen Menschen. Aber die Kultur der Ureinwohner kann, dem oberflächlichen

Blick des Neuankömmlings verborgen, ein tiefes Gefühl der Sinnhaftigkeit erzeugen, das auf Werten wie Ortsgebundenheit, Einheit mit der natürlichen Welt, Kooperation innerhalb einer Gemeinschaft und uralten Traditionen basiert. Dies ist alles andere als der »Weg des Weißen Mannes«. Für die Ureinwohner Alaskas besteht die Herausforderung darin, in einer wettbewerbsorientierten, fließenden, materialistischen Gesellschaft zu existieren und dabei ihre eigene Ordnung zu bewahren, die der herrschenden diametral entgegengesetzt ist. Wie sollen die Nachfahren jener eingefrorenen Familie die Werte ihrer Urahnen bewahren, während sie den erdrückenden Härten in deren Lebensführung zunehmend entfliehen?

Eine junge Stadt

In den 100 Jahren seit dem Goldrausch am Klondike haben die Weißen die Ureinwohner in Alaska zahlenmäßig bei weitem überrundet. Von den rund 600 000 Einwohnern machen die Ureinwohner nur etwa ein Sechstel aus. Zudem leben rund 40 Prozent der Bürger Alaskas in einer einzigen modernen Stadt von amerikanischem Zuschnitt: Anchorage.

Von ihrer Größe her an vierundsechzigster Stelle in den Vereinigten Staaten, weist Anchorage sämtliche Vor- und Nachteile einer mittelgroßen amerikanischen Stadt auf: Fast-Food-Ketten und ein Symphonie-Orchester, hochaufragende Bürotürme und sozialen Wohnungsbau, Schnellstraßen und Luftverschmutzung, Drogenkriminalität und Fahrrad-Polizisten. Nicht selten wird die Stadt süffisant »Los Anchorage« genannt, wegen ihres weit verstreuten, autogerechten Stadtbildes und der geruhsamen Lebensweise. Doch nicht in allzuvielen Orten muß sich der Stadtrat damit auseinandersetzen, ob eine innerstädtische Jagdsaison eingeführt werden sollte, um lästige Zusammenstöße mit Elchen zu reduzieren, oder ob der Stadtpark geschlossen werden muß, weil sich aggressive Eulen oder Falken dort breitgemacht haben. In Anchorage ist es möglich, auf Skiern querfeldein über gepflegte, erleuchtete Parkwege von einem Ende der Stadt zum anderen zu laufen. Selbst innerhalb des Stadtgebiets zieht man große Lachse aus den Flüssen, und weniger als eine Stunde nach Büroschluß kann ein Angestellter aus dem höchsten Bürogebäude der Innenstadt ganz auf sich gestellt einen unberührten Berggipfel erklimmen.

Diese einzigartigen Qualitäten verdankt Anchorage seiner Lage und seiner Jugend. Die Stadt in der geschützten Kessellage, abgeschirmt vom Gebirge und den schlammiggrauen Wassern des Cook Inlet, liegt an der natürlichen Route, die im Norden nach Zentralalaska und im Süden zur Halbinsel Kenai führt. Im Gegensatz zu anderen Küstenstädten weiter südlich wie Seward oder Whittier besitzt Anchorage reichlich nutzbares Land und wenige natürliche Barrieren. Der Kessel von Anchorage verfügt zwar über keine nennenswerten natürlichen Ressourcen, aber die Stadt ist ein guter Mittelpunkt, von dem aus der Rest des Staates beliefert werden kann. Sie liegt an den Bahn- und Autobahnverbindungen durch Zentralalaska, und in ihrem Hafen werden 80 Prozent der ins Land kommenden Waren umgeschlagen. Seit neuestem ist Anchorage auch ein internationaler Knotenpunkt: Anchorage International Airport liegt günstig, um Flugzeuge aus anderen US-Städten mit Ziel Europa oder dem Orient aufzutanken, und erhält so mehr Luftfracht als jeder andere Flughafen des Landes.[6]

Anchorage besaß von Anfang an eine Schlüsselfunktion. 1915 wählte die von Präsident Woodrow Wilson und dem Kongreß eingesetzte Bundesbaukommission für Alaska – ihre Aufgabe war es, den Bau einer Bahnlinie voranzutreiben, die das Landesinnere für den Abbau von Bodenschätzen erschließen sollte – die Mündung des Ship Creek für ein Arbeiter-Feldlager. Auf der anderen Seite des Cook Inlet lag das Dorf Knik, und die Küstengewässer wurden auf den Seekarten als »anchorage« bezeichnet. Im Lauf der Zeit erhielt das Camp viele Namen, aber Knik Anchorage blieb haften und wurde später zu Anchorage verkürzt. Die Bauarbeiter-Zeltstadt – mit einem Seehafen an der Südküste und etwa einem Viertel des Weges auf der Bahnstrecke von Seward nach Fairbanks in Zentralalaska – erwies sich als gutes, zentral gelegenes Hauptquartier. Regierungsbeamte überwachten die Straßen, ebneten Parzellen ein, versteigerten sie und bauten Schindelhütten, in denen die Angestellten wohnten. Ein Bahnbediensteter erhielt die Aufgabe, die neue Stadt zu regieren.

Die nächsten 20 Jahre wuchs Anchorage zu einer überwiegend von Mitarbeitern der Bahn bewohnten Kleinstadt zusammen. Als im Zweiten Weltkrieg und in dessen Folge im Kalten Krieg die militärischen Baumaßnahmen massiv vorangetrieben wurden, kam die Erweiterung schnell, funktional und häßlich: mit Wellblech gedeckte Nissenhütten neben gepflegten Bürgerhäusern, ganze Landstreifen mit Löschbeton-Kästen als Geschäftsviertel. Es war eine rauhe, staubige Stadt mit laxer Rechtsauslegung. Nur wenige glaubten daran, daß Anchorage eine Zukunft haben könnte. Die Stadt schien – wie ein Pionier mir berichtete – nicht von Dauer zu sein; nur noch eine Boomtown, in der man versuchte, viel Geld zu verdienen, bevor man weiterzog. Erst die Erdölfunde auf der Halbinsel Kenai im Jahre 1957 entwickelten die Schubkraft, die Anchorage brauchte, um eine echte Stadt und ein kommerzielles Zentrum von Bedeutung zu werden, ein Ort, der bestehen bleiben würde. Das Öl vom North Slope und das Geld einer durch das Öl reich gewordenen Regierung förderten ihr Wachstum; bis Anfang der achtziger Jahre schossen gläserne Büropaläste und phantasievolle Stadtteile wie Pilze aus dem Boden. Die Menschen pflanzten Blumen und Bäume und legten mehr Wert darauf, wie ihre Stadt aussah.

Veränderungen sind hier einfach aufzuzeigen. Eine Erhebung von 1996 zeigte, daß 40 Prozent der Bevölkerung erst ab 1990 zuzog. Wenn Anchorage auch eine Gemeinde ohne weit zurückreichendes Gedächtnis oder spezifische Identität ist, so ist es doch eine pulsierende, jugendliche und lebendige Stadt. Nur wenige Menschen hatten bis jetzt Gelegenheit, hier alt zu werden: Das Durchschnittsalter liegt bei nur 30 Jahren, und ein Drittel der Bevölkerung sind Kinder. Die Armutsrate ist sehr niedrig, das mittlere Jahreseinkommen einer Familie lag 1996 bei 58 600 Dollar, 12 000 Dollar mehr als im nationalen Durchschnitt.[3] An sonnigen Wochenenden oder langen Sommerabenden fließt die Stadt geradezu über mit jungen, offensichtlich wohlhabenden Familien, die radfahren, inline-skaten oder zum Fischen oder Wandern ins Grüne fahren. Zu manchen Zeiten scheint alles möglich, und Anchorage erscheint wie ein strahlender Backfisch, der das Abitur gerade in der Tasche, ein vielversprechendes Leben vor sich und noch ein paar Dinge zu lernen hat.

Hinaus aufs Land

An einem kalten, sternenklaren Wintermorgen steht im Eisenbahn-Depot von Anchorage eine Lokomotive ächzend und dampfend in der nur zögerlich weichenden Dunkelheit, bereit für die wöchentliche Fahrt nach Norden ins Herz einer frostigen, menschenleeren Gegend. Im viereckigen Licht der Fenster eines einsamen Personenwaggons spielen sich kurze Szenen ab: Eine Familie verstaut Rucksäcke und Parkas, ein Pärchen schenkt sich Kaffee aus einer Thermoskanne ein und nimmt sein Frühstück aus einem Picknick-Korb. Die Alaska-Eisenbahn, vor 75 Jahren erbaut, um das Land zu erschließen, bildet nun im Winter einen schmalen Weg ins Landesinnere, eben breit genug für die wenigen, hartgesottenen Menschen, die da draußen leben wollen.

Es ist ein Zug mit Bedarfshaltepunkten, einer der letzten in den Vereinigten Staaten. Reiseziel ist Fairbanks, zwölf Stunden weiter nördlich, doch die meisten Passagiere werden ihn an einem der unmarkierten Flecken entlang der Bahnlinie verlassen, der ihrem Heim am nächsten liegen. Andere einsame Siedler werden den Zug durch Winken anhalten, um zurück in die Stadt zu kommen. Nördlich von Talkeetna, 160 km von Anchorage entfernt, leben versteckt zwischen alten, knorrigen Birken Gemeinden von nur wenigen Familien. Das auch mitten am Tag gelbe Licht der tiefstehenden Wintersonne bildet den einzigen Hauch von Farbe in der vorbeiziehenden weichen, glitzernden Schneelandschaft und mit den scharf konturierten, schwarzen, fingerähnlichen Zweigen der verkrümmten Birken. Im Gepäckwagen sammelt ein Künstler überdimensionierte Proviantpakete und große Papier- und Leinwand-Portfolios auf und steht mit dem uniformierten Schaffner an einer geöffneten Schiebetür, um nach draußen zu blicken, während der Zug langsam durch verschneite Hügel und Schluchten dahinrumpelt. Da, wo ein Schneemobil in dem ansonsten ungespurten Schnee wartet, hält er an. Der Künstler steigt aus, nimmt seine Pakete entgegen und packt sie auf für die nächste Etappe der Reise nach irgendwo da draußen in dieser Landschaft, während der Zug weiterrumpelt.

Über Straßen erreicht man in Alaska nur ein paar schmale Landstriche, doch an vielen Orten leben einzelgängerische Menschen, die auf sich selbst vertrauen. Sie nehmen die Mühe, selbst für Heizung und Wasser sorgen und ihre Nahrung fangen und heranschaffen zu müssen, sich von vielen Dingen abzuschneiden, die man für Geld kaufen kann, auf sich, um Abgeschiedenheit, einen Platz für sich allein in einem wunderschönen Land und ein Gefühl der Freiheit zu finden. Um nach Hause zu kommen, fliegen sie mit einem Sportflugzeug, fahren mit dem Boot, reisen querfeldein oder nehmen den Zug. Generatoren erzeugen ihren Strom, Transporte erledigen sie mit Hilfe des Schneemobils oder eines Geländewagens, und zum Heizen zerkleinern sie Holz mit Kettensägen und Äxten. Um das auch hier unverzichtbare Geld zu erhalten, arbeiten die meisten ein paar Monate pro Jahr in der Stadt. Gewehre sorgen fürs Abendessen und für den nötigen Schutz vor Bären. Um die lebensspendenden Apparaturen am Laufen zu halten, müssen die Menschen in der Lage sein, alles selbst zu reparieren, oft in der Kälte, häufig ohne passende Ersatzteile oder Werkzeuge. Und ihren Kindern müssen sie Lehrer, Krankenschwester und Spielkamerad in einem sein.

Noch immer fährt der Staat Alaska ein Programm, um seinen Bürgern »Heimstätten«-Land zur Verfügung zu stellen, aber man kann nicht eben behaupten, das Land sei umsonst: Um es zugesprochen zu bekommen, muß man sein Haus in der Wildnis bauen und innerhalb von fünf Jahren 25 Monate darin leben. Die meisten dieser Parzellen, die der Staat vergibt, werden zurückgegeben, weil die Menschen es so weit weg von der Zivilisation einfach nicht aushalten.

Von Fischen und Menschen

Irgendwie weiß jeder Lachs, wann er in den Fluß seiner Geburt zurückkehren muß. Königslachse verbringen fünf oder mehr Jahre im Ozean. Dann kommt eine bestimmte Woche eines bestimmten Monats – dies ist in jedem Fluß und jedem Jahr unterschiedlich, aber bei allen Fischen einer bestimmten Gruppe gleich –, und der Lachs schaltet seine unglaubliche Peilung für die Gegend seiner Herkunft ein, ein Sinn, der das Aroma eines bestimmten Baches aus allen Wassern des großen Ozeans herausschmecken kann. Wie nach Fahrplan schwimmt jeder Fisch in seinen Fluß, dann stromauf, nur um dort zu laichen und zu sterben, wo das eigene Leben einst begann. Die Menschen folgen diesem Kreislauf: Jedes Jahr kehren sie zum Lachsfang an dieselben Flüsse und Stellen an der Küste zurück. Ganz Alaska erlebt bei der Rückkehr der Lachse das erregende Gefühl blinkender, muskulöser Flanken und den vollen Geschmack des festen, köstlichen Fleisches, eine gemeinsame Wiederbelebung der Sinne nach dem kalten, leblosen Winter. Hier existiert ein Gefühl der Einheit von sommerlichem Übermaß an Tageslicht und Energie. Die Ankunft der Fische steht für Nahrung, körperlich wie spirituell – für den Athabaska-Ältesten, der den Fluß beobachtet, den angegrauten Kleinstadt-Fischer, der sein Schiff klarmacht, ja selbst für die städtischen Bürohengste. Hier ist etwas, dem man trauen kann; ein Wunder, das jedes Jahr wieder geschieht – immer gleich.

Die ersten Fische kommen im Mai und tauchen frisch in den Lebensmittelgeschäften von Anchorage auf. Im Juni kommen die ersten Schwärme, die als Indikator für die diesjährige Ausbeute dienen. Jeder Schwung wird eingehend analysiert; an den Kaffee-Automaten im Büro, in den Bootshäfen und in den Häusern der Fischer-Vereinigungen, an den Flußufern der Dörfer und in landesweiten Rundfunkberichten oder Zeitungsaufmachern. Im Juli aber geht es erst richtig los, dann sind die Flüsse in ganz Alaska voll von Lachsen. Die Dörfer leeren sich, wenn die Ureinwohner an ihre traditionellen Fischlager zurückkehren und den Lachs wie eine große Familie gemeinschaftlich fangen und für den Winter trocknen oder räuchern. Gewerbliche Fischfangflotten warten auf die offizielle Freigabe der Fischgründe und arbeiten dann rund um die Uhr. Schlagnetzfischer ziehen ihre gardinenartigen Netze in einem großen Kreis um Wasserstellen, die vor Leben schäumen.

Sportfischer bauen sich an den Ufern der Flüsse auf, die mit dem Auto erreichbar sind. Einige benutzen Streichnetze, um den Fisch aus erklärtermaßen mit Lachsen überfüllten Flüssen zu heben, als ob sie Suppe löffelten. Touristen strömen zu Tausenden in die kleinen Küstenstädte – zum Fischen und um die Bären zu beobachten, die sich an den Lachsflüssen versammeln. Im Herbst lichten sich die Flüsse wieder, und abgelaichte Tierkadaver, von Vögeln und anderen Tieren angefressen, zerfallen an den Flußufern zu feinknochigen Skeletten, elegante zweidimensionale Muster auf dem grauen Kies. Im November wandern die allerletzten Lachse zum Laichen den Chilkat River bei Haines hinauf, wo das den Sommer über in den Flußbetten gespeicherte warme Wasser im Winter aufsteigt und die Oberfläche eisfrei hält. Tausende von Weißkopf-Seeadlern versammeln sich zur letzten leicht erbeuteten Mahlzeit des Jahres und bevölkern die kahlen Äste der alten Pappeln. In der Stadt feiert man mit einem »Eagle Festival« ihre Ankunft und das Ende der Saison.

Dann hüllt der Winter das Land in Weiß ein, wie um es bis zum Frühjahr aufzuheben. Die Menschen überwintern wie Bären, indem sie in eine Jahreszeit der Stille fallen. Oder sie fallen noch tiefer, in eine vom Mangel an Tageslicht verursachte Depression. Die Lachse sind ins Meer verschwunden, und die Eier der letzten Generation liegen in den Kiesbetten der Flüsse und warten auf den Frühling. Eingefroren oder geräuchert, der Fang vom letzten Jahr kann kaum an den Geschmack dieses glorreichen, wilden Fisches erinnern, als er frisch war. Ein Kälteeinbruch läßt Autos in der Stadt und Flugzeuge am Boden der Wildnis festfrieren und macht die Isolation perfekt. Kinder gehen im Dunkeln zur Schule und wieder nach Hause; manchmal tragen sie ihre Bücher unter dem Nordlicht heim. Und die Augen vergessen, wie Helligkeit aussieht.

Doch von den alten Ureinwohner-Dörfern bis hin zu den reichen, neuen Stadtteilen in Anchorage bleibt der Gedanke an den ersten Lachs im nächsten Frühling lebendig.

Anmerkungen

Geschichte

[1] Ann Chadonnet, »Alaska Almanac«. Seattle 1995. Dieses Buch ist eine Goldgrube für interessante Fakten über Alaska, von denen ich hier etliche übernommen habe.
[2] Joan M. Atonson, die offizielle Historikerin des Staates Alaska im Ministerium für natürliche Ressourcen, stellte in Interviews durch Forscher Robin Mackey Hill im Juni 1977 und dadurch, daß sie die Verwendung ihrer umfangreichen unveröffentlichten Aufzeichnungen erlaubte, ausführliche Informationen für diesen Essay zur Verfügung.
[3] Elva Scott in einer Befragung durch den Autor im September 1996. Scott, Mitglied der Eagle Historical Society, lieferte viele der Informationen über Eagle und das Fortymile-Gebiet hier und im weiteren Verlauf des Essays.
[4] Linnie Marsh Wolfe, »Son of the Wilderness: The Life of John Muir«. Nachdruck des Originals von 1945, Madison 1973
[5] Ernest Gruening, »The State of Alaska: A Definite History of America's Northermost Frontier«. New York 1954
[6] Kesler E. Woodward, »Painting in the North: Alascan Art in the Anchorage Museum of History and Art«. Seattle 1993
[7] Harold Napoleon, »Yuuyaraq: The Way of the Human Being«. Fairbanks 1991
[8] Allan Alexander Allan, »Gold, Men and Dogs«. New York 1931
[9] Napoleon, siehe oben
[10] Die Museen des Klondike Gold Rush National Historical Park hielten viele Details über den Goldrausch bereit. Der Autor und Robin Mackey Hill interviewten zusätzlich Karl Gurke, den historischen Archäologen der nationalen Parkverwaltung.
[11] Stan Jones, »Unlike Savior« aus den »Anchorage Daily News« vom 22. September 1996. Jones' Beitrag beschreibt detailliert die wirtschaftliche Vorgeschichte des Goldrausches.
[12] Pierre Berton, »The Klondike Fever: The Life and Death of the Last Great Gold Rush«. New York 1985; eine Quelle vieler lebendiger Einzelheiten über den Goldrausch.
[13] Die Parks Canada Klondike National Historic Sites in Dawson City bewahren Strukturen und geschichtliche Details der damaligen Zeit.
[14] Antonson, siehe oben
[15] Elizabeth A. Tower, »Big Mike Heney: Irish Prince of the Iron Trails«. Anchorage 1988
[16] Gruening, siehe oben
[17] Tower, siehe oben
[18] Jean Potter, »The Flying North«. Nachdruck des Originals von 1945, Sausalito 1986
[19] Claus M. Naske und Herman E. Slotnick, »Alaska. A History of the 49th State«. Norman und London [2]1987
[20] Gruening, siehe oben
[21] Naske und Slotnick, siehe oben
[22] Jack Roderick, im Interview mit Forscher Hill, Juni 1997
[23] Rick Ender, im Interview mit dem Autor, Juni 1997
[24] Stadtverwaltung Anchorage, Ministerium für Stadtplanung und Entwicklung, »Anchorage Indicators«, 1977. Diesem Statistik-Band waren viele Daten zur Einwohner- und Wirtschaftsentwicklung zu entnehmen.
[25] Mark Romick von der Alaska Housing Finance Corp. im Interview mit Forscher Hill, Juni 1997
[26] Neil Fried, Arbeitsministerium Alaska, in Interviews mit dem Autor und mit Forscher Hill, Juni 1997. Fried stellte zahlreiche Beschäftigungs-Statistiken im Kontext mit der Wirtschaftsgeschichte in Alaska zur Verfügung.

Wahrzeichen Landschaft

[1] Robert Marshall, »Arctic Village«. Nachdruck des Originals von 1933, Fairbanks 1991
[2] Woodward, siehe oben
[3] Bradford Washburn und David Roberts, »Mount McKinley: The Conquest of Denali«. New York 1991
[4] John Havelock im Interview mit dem Autor, Juni 1997. Havelocks Erinnerungen an diese Ereignisse aus erster Hand bescherten Einblicke in innere Zusammenhänge und Abläufe.
[5] Ebd.
[6] Robert D. Arnold, »Alaska Native Land Claims«. Anchorage 1978
[7] Wolfe, siehe oben
[8] John Cook im Interview mit dem Autor, Juni 1997
[9] Deborah Williams im Interview mit dem Autor, Juni 1997. Sämtliche ihrer Zitate stammen aus diesem Interview. Williams war an der Formulierung des Gesetzestextes für ANILCA beteiligt und half, Informationslücken für diesen Bericht in der beschriebenen Weise aufzufüllen.
[10] Das statistische Zahlenmaterial über die Parks und Naturschutzgebiete entstammt den Memos, die das US-Innenministerium zur Verfügung stellte, und den Auswertungsdaten der betreffenden Parks.

Reiche Bodenschätze

[1] Neil Fried, Arbeitsministerium Alaska im Interview mit dem Autor, Juni 1997

Land und Leute

[1] John E. Lobdell und Albert A. Dekin, Jr., »The Archeological, Human, Biological and Comparative Context of a Catastrophically Terminated House«. In »Arctic Anthropology« 21, No. 1, 1984
[2] Karen Brewster vom Ausschuß für Inupiat-Geschichte, Sprache und Kultur der Bezirksregierung von North Slope im Interview mit Forscher Hill, Juni 1997
[3] Thomas R. Berger, »Village Journey«. New York 1985
[4] Ebd.
[5] Ebd.
[6] Die meisten Statistiken über Anchorage stammen von der Stadtverwaltung Anchorage, Ministerium für Stadtplanung und Entwicklung, »Anchorage Indicators«, 1977.

Skyline von Anchorage

Fairbanks hat sich von einer Goldrausch-Stadt über einen Luftfahrt-Knotenpunkt im Zweiten Weltkrieg zu seinem derzeitigen Status als zweitgrößter Stadt Alaskas und einem wichtigen Handels- und Transportzentrum zwischen den zentralen Gebieten und dem hohen Norden entwickelt. Hier befinden sich die wichtigste Universität von Alaska sowie drei Militärbasen.

Links oben: Archäologische Ausgrabungen haben die ersten menschlichen Siedlungen von Kodiak auf etwa 5000 vor Christus datiert und seinen Bewohnern die Möglichkeit eröffnet, ein wenig von der reichen Alutiiq-Kultur wiederzufinden, die durch die russische Kolonisation Ende des 18. Jahrhunderts ausgelöscht wurde. Kodiak ist heute eine geschäftige Provinzstadt, und Alaskas größte Fischfangflotte operiert von seinem Hafen aus.

Links unten: Haines ist eine kleine Küstenstadt, die versteckt im oberen Bereich des Lynn Channel in der Inside Passage liegt. Neben ihrer Tlingit-Geschichte und -Kultur, die immer noch lebendig und wahrnehmbar ist, besitzt Haines auch eine bedeutende koloniale und bundesstaatliche Vergangenheit. John Muir und der Missionar S. Hall Young wählten 1879 diese Stadt, um von hier aus den Ureinwohnern Alaskas Christentum und Bildung zu vermitteln; später war es Sitz des 1903 erbauten Fort William Seward, das bis zum Ende des Zweiten Weltkriegs im Dienst war.

Folgende Doppelseite: Flugzeuge und die Fähren des Alaska Marine Highway sind die einzige Verbindung von und nach Juneau, der Hauptstadt und drittgrößten Stadt Alaskas. Die Stadt, eingekeilt von Gebirgen und dem respekteinflößenden Juneau-Eisfeld, wurde 1880 gegründet, als Joe Juneau von Tlingit-Häuptling Kowee zu den hiesigen Goldvorkommen geführt wurde, die ihre Wirtschaft für die nächsten 60 Jahre am Laufen halten sollte. Dieser winterliche Anblick der Hauptstadt wurde 1988 von Douglas Island festgehalten, ehe man eine Trambahnlinie auf den Mt. Roberts (rechts im Bild) einrichtete.

... in diesen Küstenlandschaften liegt eine derart grenzenlose, mitreißende Ausdehnung, eine solche ohne offensichtlich Überflüssiges auskommende Formenvielfalt, deren Linien so fein abgestuft in nicht enden wollender Abfolge ineinander übergehen, und das Ganze wirkt so schön, so sanft, so ätherisch, daß jeder Ansatz einer Beschreibung hoffnungslos erscheint.
John Muir, »Travels in Alaska« (»Reisen in Alaska«), 1915

Ketchikan ist bei den Bürgern Alaskas als »erste Stadt« bekannt, denn vor dem Zeitalter der Flugreisen war dies Alaskas erster namhafter Hafen für nordwärts fahrende Dampfer, und für viele der heutigen Reisenden ist sie das immer noch. Ketchikan liegt nahe der Grenzlinie zwischen Tlingit-, Haida- und Tsimshian-Völkern, und seine unvergleichliche Sammlung indianischer Totems ist sein wichtigstes Kulturzeugnis.

Cordova, eine kleine Hafenstadt am Prince William Sound, war einst der Zielort einer Bahnlinie, die Kupfererze aus der Mine in Kennicott transportierte. Seit die Bahnlinie mit der Schließung der Mine aufgegeben wurde, gibt es keine Landverbindung zwischen Cordova und der Außenwelt mehr, obwohl etwa 80 km der Schienenstrecke gepflastert wurden, die Zugang zum größten zusammenhängenden Feuchtgebiet der westlichen Hemisphäre bieten.

Das Pioneers' Home, hier von einer Brücke in Sitka aus gesehen, ist der staatlich geführte städtische Senioren-Wohnsitz für die ersten Siedler, die Besucher gern mit aufschlußreichen, mündlich überlieferten Geschichten vom Alaska des 20. Jahrhunderts unterhalten.

Bei Wasserhöchststand werfen die Pfahlbauten vom Hammer Slough in Petersburg ein perfektes Spiegelbild in die ruhigen Gewässer dieser von norwegischen Einwanderern geprägten Stadt im Südwesten Alaskas.

Aus der Ferne präsentiert sich das Stadtgebiet von Anchorage als hochaufragende Skyline, die auf große Bodenknappheit schließen läßt. Doch unten, zwischen den Hochhäusern, liegen Wohnhäuser, kleine Hütten, Gemüsegärten und Bungalows mit gepflegten Vorgärten. Anchorage platzt aus allen Nähten, und im Stadtkern leistet es sich diese Widersinnigkeiten; für mich sind sie jedoch der reizvollste Anblick in ganz Anchorage. Direkt an ein Bürogebäude gestapelt, mitten in der Innenstadt, sah ich Klafterholz für den Winter.
John McPhee, »Coming Into the Country« (»Ins Land kommen«), 1977

Die Vulkane in der Aleuten-Region südwestlich von Anchorage sind noch aktiv. Hier, 130 km von der Stadt entfernt, sieht man in der Ferne eine Eruption des Mt. Spurr.

Einwohner und Besucher von Anchorage genießen die Nähe von Bergen und Meer ebenso wie die Annehmlichkeiten eines kosmopolitischen Zentrums. Der Town Square in der Innenstadt ist ein bildschön gestalteter öffentlicher Park mit einem 1994 von Wyland geschaffenen Außengemälde, dessen Walmotive auch die Außenwände in anderen Städten an der Westküste zieren.

Der Vollmond geht in
einer klaren Silvesternacht
über Anchorage auf.

Sehr bald ist dann der Himmel nachtblau und mit Sternen übersät, und der Mond geht heller und heller hinter den scharf umrissenen Bäumen auf. Im Norden ein Flackern von Grün und Gelb, dann ein Blitzen, das sich als Band aus Regenbogenfarben, zitternd und schimmernd über den Sternen entrollt – die Aurora.

Margaret E. Murie, »Two in the Far North« (»Zwei im Fernen Norden«), 1962

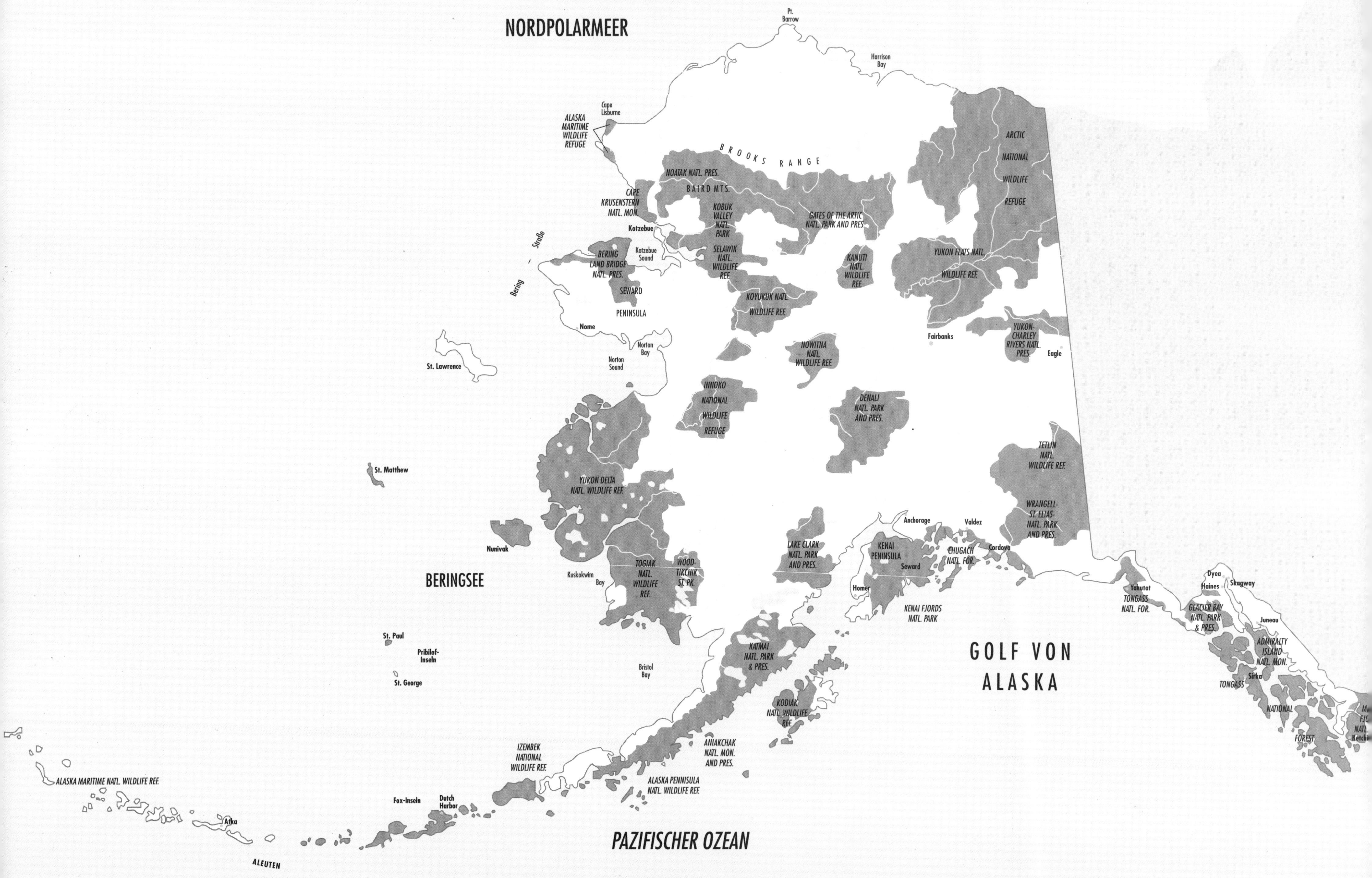
NORDPOLARMEER
Pt. Barrow
Harrison Bay
Cape Lisburne
ALASKA MARITIME WILDLIFE REFUGE
BROOKS RANGE
NOATAK NATL. PRES.
BAIRD MTS.
CAPE KRUSENSTERN NATL. MON.
KOBUK VALLEY NATL. PARK
GATES OF THE ARTIC NATL. PARK AND PRES.
ARCTIC NATIONAL WILDLIFE REFUGE
Kotzebue
Kotzebue Sound
SELAWIK NATL. WILDLIFE REF.
KANUTI NATL. WILDLIFE REF.
YUKON FLATS NATL. WILDLIFE REF.
Bering – Straße
BERING LAND BRIDGE NATL. PRES.
SEWARD PENINSULA
KOYUKUK NATL. WILDLIFE REF.
Nome
Norton Bay
Norton Sound
St. Lawrence
NOWITNA NATL. WILDLIFE REF.
Fairbanks
YUKON-CHARLEY RIVERS NATL. PRES.
Eagle
INNOKO NATIONAL WILDLIFE REFUGE
DENALI NATL. PARK AND PRES.
TETLIN NATL. WILDLIFE REF.
St. Matthew
YUKON DELTA NATL. WILDLIFE REF.
WRANGELL-ST. ELIAS-NATL. PARK AND PRES.
Anchorage
Valdez
Nunivak
LAKE CLARK NATL. PARK AND PRES.
KENAI PENINSULA
Seward
CHUGACH NATL. FOR.
Cordova
TOGIAK NATL. WILDLIFE REF.
WOOD-TIKCHIK ST. PK.
Kuskokwim Bay
BERINGSEE
Homer
KENAI FJORDS NATL. PARK
Yakutat
TONGASS NATL. FOR.
Dyea
Haines
Skagway
GLACIER BAY NATL. PARK & PRES.
Juneau
St. Paul
Pribilof-Inseln
KATMAI NATL. PARK & PRES.
GOLF VON ALASKA
ADMIRALTY ISLAND NATL. MON.
Bristol Bay
St. George
Sitka
TONGASS NATIONAL FOREST
KODIAK NATL. WILDLIFE REF.
IZEMBEK NATIONAL WILDLIFE REF.
ANIAKCHAK NATL. MON. AND PRES.
ALASKA MARITIME NATL. WILDLIFE REF.
ALASKA PENNISULA NATL. WILDLIFE REF.
Fox-Inseln
Dutch Harbor
Atka
PAZIFISCHER OZEAN
ALEUTEN